北京西城老字号传承故事集锦

北京西城老字号谱系研究领导小组　编
王长征　著

学苑出版社

图书在版编目（CIP）数据

北京西城老字号传承故事集锦／王长征著；北京西城老字号谱系研究领导小组编—北京：学苑出版社，2016.
ISBN 978-7-5077-5063-8
Ⅰ.①北… Ⅱ.①王…②北 Ⅲ.①老字号–介绍–西城区 Ⅳ.①F279.271.3
中国版本图书馆CIP数据核字（2016）第182381号

北京西城老字号传承故事集锦

出 版 人	孟　白
责任编辑	李　媛　潘占伟
特约编辑	殷　芳
封面设计	徐道会

出版发行	学苑出版社
社　　址	北京市丰台区南方庄2号院1号楼
邮政编码	100079
网　　址	www.book001.com
电子邮箱	xueyuanpress@163.com
销售电话	010-67601101（营销部）　010-67603091（总编室）
印 刷 厂	北京信彩瑞禾印刷厂
开本尺寸	710mm×1000mm　1/16
印　　张	10.25
字　　数	14千字
版　　次	2016年10月第1版
印　　次	2016年10月第1次印刷
定　　价	28.00元

《北京西城老字号传承故事集锦》编委会名单

顾　问

卢映川　王少峰

编委会主任

王都伟　吴元增

编委会成员（以姓氏笔画为序）

马维利　王立华　王秀兰　王都伟　叶宝祥
李云伟　李雪梅　吴元增　张新华　杨　萍
赵　珩　袁　利　郭启兴　郭　新　窦淑龄
墨　涵　戴时焱

主　编

王都伟

撰　稿

王长征

参与本书编辑人员（以姓氏笔画为序）

刘双才　李　萌　吴艳梅　张　俊　邵自军
郑芳芳　胡建国　赵　莉　侯俊英　贾　震

仔细咂摸才有味儿

老字号是一座城市的名片,也是一座城市历史文化的重要载体,研究老字号,对传承优秀传统文化具有十分重要的意义。

北京是六朝古都,也是历史文化名城,所以北京的老字号比其他城市多。从商业部已经挂牌的老字号数量来看,北京几乎占到了全国老字号的三分之一,而北京西城的老字号,又占到了北京老字号的近三分之一。由此可见老字号对北京、对西城的重要。

老字号之所以金贵,就在于一个"老"字。"老",就意味着字号的历史长,传承的时间久远。时间一长,必然故事和轶闻就多。所以,几乎每个老字号,都有许多有意思的故事流传于民间。

毫无疑问,挖掘和整理老字号的故事,是保护和传承老字号文化的重要组成部分。也正因为如此,北京西城在开展老字号谱系研究时,将组织专人搜集整理出版《北京西城老字号传承故事集锦》作为一项重要内容。此举可谓高屋建瓴,画龙点睛。

算起来,我从事老字号的研究有30多年了。早在1983年,我在北京市委商贸部工作时,商业部门恢复老字号,我就已经开始关注老字号。后来我在《北京晚报》当记者,又挖掘、抢救了许多老字号的故事并发表了相关报道及文章。对北京的老字号,我还是比较熟悉的。正因为如此,我深知老字号的故事是比较难写的。

为什么老字号的故事难写?

首先,老字号的故事不能现编或瞎编,一定要有根有据。这就难了。因为一般的老字号都有上百年的历史,由于时间久远,有许多故事,它的传人也未必知道。

其次，许多老字号在新中国成立后的社会主义工商业改造中，变为公私合营。由私营变为"国营"后，人们对合营之前的情况知之甚少，后来的职工对这些也不太关心，加上许多老字号几乎没有保留下什么历史材料，而公私合营前在老字号学徒、上柜的老职工相继作古，所以搜集整理老字号故事的素材有相当大的难度。

我之所以谈这些，主要是想说明整理和写作这本书的作者有多么的不容易。从本书的体量和内容来看，他们为此付出了非常大的努力。

近几年，随着各级政府对老字号的关注，市面上陆陆续续出现了一些老字号方面的书。其中，有关老字号故事类的书，我也看到过一些，但是总感觉这些书的内容相对来说比较肤浅。显然书的作者没有深入到老字号企业内部做扎实的采访，而只是对现成的材料东抄西抄拼凑出来。这些书也许当时能惹惹眼，热闹一下，却经不起历史的检验。

相较而言，本书起码有三点是以前写老字号故事的书所鲜见的。

其一，这本书的故事均有出处。看得出来，本书的作者在材料的搜集上是下了功夫的。有别于其他同类书的是，本书所讲的故事，对历史背景、社会状况、当时的民风民俗等等，都做了非常具体翔实的交代。比如写"茶汤李"的故事，作者并没有只停留在写茶汤的来历和做法上，而是寻根溯源，讲了"燕王扫北"时，燕王朱棣和一个门伺老兵的故事。从这个感人的故事里，我们不但知道了茶汤是怎么来的，而且也感悟到传了500多年的李氏茶汤里浓浓的人情味儿。

其二，本书的故事不求奇，讲求的是一个"新"字。这些年，一些老字号很重视企业文化的宣传，老字号的一些传奇故事，甚至写进商业广告之中，老百姓已经耳熟能详。本书的编写初衷就是力求出新，老字号的那些妇孺皆知的故事，几乎都没有纳入书写之列。

细细品读本书，确实能感受到故事的新意。一是叙述的形式新，二是故事的内容新。比如王致和臭豆腐的故事，一般人都知道王致和是由于科举考试没有中第而滞留在京城，因为做的豆腐放得变了质，意外地发明了臭豆腐。但本书的作者并没有停留在这种坊间传闻上，而是查阅了大量的资料，详细地讲述了王致和的科举考试经历，通过一系列有趣的小故事，诠释了臭豆腐的来历。其中许多故事我还是第一次看到，例如他在考试中以臭豆腐入诗，以及后来科举中第，在铁岭当过县令，后升任卫辉知府等等，都是鲜为人知的。

其三，本书并没有拘泥于史料或民间传说，不是只讲老故事，而是把现实生活中发生的故事融入其中，显得鲜活生动，让人看了动情动容。比如年糕钱与他的"秀才"粉丝的故事，就写了钱氏年糕的传承人钱宝文与郭书生的几段情谊，借助郭书生的竹枝词，将年糕钱的特点及钱氏老家儿的创业经历娓娓道来。读之，入情入理，不觉生硬死板，而让人感到十分亲切。

从文献的角度说，民间故事与民间传说还是有区别的，在这一点上，本书把握得比较到位。从中也可以看到编者和作者行文的严谨。当然，从这点上，也能看出这本书的价值。

有道是好茶不怕细品。一本书有没有味道，或者说有什么味道，您得仔细咂摸。但愿您能在这本书中，咂摸出西城老字号文化的味道来。

以上是为序。

刘一达

2015年11月12日于北京如一斋

（刘一达，北京民间文艺家协会副主席，著名京味儿小说作家，西城区作协主席）

目 录

仔细咂摸才有味儿 …………………………………… 刘一达　1

省时好喝"茶汤李" ………………………………………… 1
鹤年堂创办养元社驱除瘟疫 ……………………………… 6
"吟咏臭豆腐"中"贡士" ………………………………… 12
从"下水棚子"到"砂锅居" …………………………… 17
乾隆皇帝赐号"清秘阁" ………………………………… 21
天福号"摔罐分钱" ……………………………………… 27
王子丰因病开药店 ………………………………………… 33
董连元报恩谢舅父 ………………………………………… 39
从"德聚全"到"全聚德" ……………………………… 44
偶得羊头创名吃 …………………………………………… 49
一碗羊肉汤换回一条性命 ………………………………… 54
大和恒的"栗子面"窝头 ………………………………… 60
豆腐脑白"得匾" ………………………………………… 64
年糕钱与他的"秀才"粉丝 ……………………………… 69
六必居老匾"两摘两挂"写传奇 ………………………… 74
张一元"品茶"定乾坤 …………………………………… 77
聚顺和巴拿马获金奖 ……………………………………… 83
"一得阁"掌柜智斗日本商人 …………………………… 89
柳泉居里唱大戏 …………………………………………… 96
成文厚的新式账簿 ………………………………………… 101
戴月轩为中南海制笔 ……………………………………… 106
荣宝斋千元收藏《苕溪诗卷》 …………………………… 112

西单商场员工自建"争气楼" ………………………… 117
小肠陈和一位台湾退伍老兵的情缘 ……………… 123
清华池的"一招鲜" ………………………………… 129
老舍夫人胡絜青为"南来顺"题词 ………………… 136
内联升布鞋走上奥运颁奖台 ……………………… 142
桂香村进社区 ……………………………………… 147

后记 ………………………………………………… 152

省时好喝"茶汤李"

明洪武十四年（1381年），21岁的燕王朱棣奉命就藩镇守燕京，即以前的元大都。作为当时蒙古人的"邻居"，朱棣所统帅的军队不断同蒙古骑兵发生摩擦。当时的北元，虽然辉煌不再，但是骑兵依然不容忽视，经常闯入明朝边境烧杀抢掠。明军却对此束手无策。于是两军经常是边谈判边打仗，谈不拢就打，打累了再谈。为了能够彻底改变这种现状，朱元璋派燕王朱棣领重兵与之决战。时值隆冬，北风呼啸，天气奇寒。在做好保密工作以后，燕王朱棣带领明军悄悄向北进发了。因乃儿不花驻军远在北漠，明军此行路途遥远，加之自然环境十分恶劣，行军异常艰难。

对朱棣来说，战争存在的主要困难不是打击敌人，而是找到敌军主力。元朝自从被朱元璋推翻以后，蒙古铁骑再无百年前的雄风，面对明朝的骑兵往往一触即溃，仓皇而逃。他们自古有着游牧的习惯，常年居无定所。军队一旦被打散，会出现很多游兵散勇同大明军队打游击。这些散军经常骚扰边境，抢一把就跑，令明朝守将们非常头疼。

朱棣深知要想一举歼灭敌军，夺取北元政权，必须先找到他们的巢穴。所以，他并未急于贸然进军，而是一次次派出轻骑四处侦查敌情。功夫不负有心人。经过骑兵们两个多月的四处侦查、仔细探访，终于找到了北元太尉乃儿不花所在的确切位置。当时的北元军队几乎全部掌握在乃儿不花手中，找到他就等于找到了北元军队的主力。

明军一连走了几天，忽然天降大雪，漫天雪花团团飞舞，不多时天地间便茫茫一片银白。明军士气开始有所低落。兵贵神速，若不继续行军，恐怕会走露风声，万一乃儿不花得到消息再次脱逃，岂不是前功尽弃？天渐渐地黑了，风雪之夜行军困难重重，不少将士又冷又饿，不禁牢骚满腹，纷纷前来进言，要求停止进军。

朱棣想到已行军数百里，将士们疲惫不堪，一旦安营扎寨、埋锅造饭，势必延误时间，到时将士们肯定更加不愿意继续行军。这可怎么办呢？于是，朱棣立即召开军事紧急会议。

会议的结果令他大失所望，大多数将领都要求停军休息。正在这时，军帐外有一位门侍大声叫嚷求见，说他有一个好主意。很多将领十分恼怒，军事会议不是什么人都可以闯进来的，一位普通士兵胡乱插嘴是触犯军纪的。朱棣闻言，不禁皱了皱眉头。

"元帅所愁的不过是造饭费时，恐怕贻误战机，小人倒有一个两不误的好主意。"这位士兵说道。

"大胆，这里哪有你说话的份？"一名将军呵斥道。说迟时那时快，立刻有兵士冲过来将其擒拿。

"且慢——"燕王朱棣一声断喝。虽然这位士兵有些越礼，但他若是能想出好主意，倒也是大功一件。朱棣见来者是位老兵，想到他一定拥有很多打仗经验，或许会有什么好主意。

"做饭炒菜确实耗时久，但是有些食物却简单方便。"这位老兵娓娓道来，"前些年下官曾随军同蒙古军队打仗，发现蒙古人吃饭很快。后来知道他们只要将开水煮开，切开薄肉片在开水里涮一涮就可以捞着吃。再有就是他们把面用牛骨髓油炒熟了用开水一冲，立马就能食用。这样做饭方便快捷，很适合行军打仗使用。"

"生肉片不曾齐备，牛骨髓炒面又上哪里去找！"一位将领怒气冲冲，"有炒面的功夫我们也能做好饭了！"

"生肉片没有，但我们携带有干粮。另外我从蒙古鞑子的牛骨髓面得到启发，在军营中多次琢磨，发现磨好的糜子面也可以直接冲熟，只要略加一些佐料、油盐或糖浆，就是一份非常美味的食物，时间比蒸馒头蒸米饭快多了！"

这时，军粮长前来禀报："所带军需物资里，糜子面十分充足。"朱棣立马命老兵制作一碗。一眨眼的功夫，一碗热气腾腾的"汤"端了上来，朱棣尝了一下，味道确实不错，随后他下令："立即停军，但不许安营扎下帐篷。将老兵所出此法传与三军，抓紧时间做饭。"

茶汤李第二代传人李世忠

朱棣深知，风雪之夜虽然行军困难，但敌人也会放松警惕，因为敌人绝不会想到明军会在这样恶劣天气下来袭。决胜的关键往往就在于出其不意、攻其不备。他向将士们分析了当时敌我双方的利弊，加之将士们刚刚吃饱，身上暖和许多，也就少了怨言，听到元帅分析得头头是道、有条有理，一时士气大振。他们决定一切听从元帅指挥调遣，尽快找到乃儿不花的军队，好好打上一仗。

又经过一夜急行军，明军将士果然在天亮之前顺利地找到了北元乃儿不花的军队主力。那些蒙古将士正在酣睡，毫无戒备，看到神兵天降，顿时吓破了胆，不得不束手就擒。就这样，朱棣不费一枪一刀，就俘虏、收编了数万北元的蒙古军队，因此受到了皇帝朱元璋的嘉奖。

班师回朝后，朱棣特意派人将那位门侍老兵喊来，打算好好奖励一下他。没想到门侍竟婉言谢绝了，他只提出了一个请求。

原来这位老兵家中有一位年迈的母亲，由于朝廷对军籍管理严格，除非有儿子接替自己，否则要终身为兵。而老兵的儿子由于身体残疾，

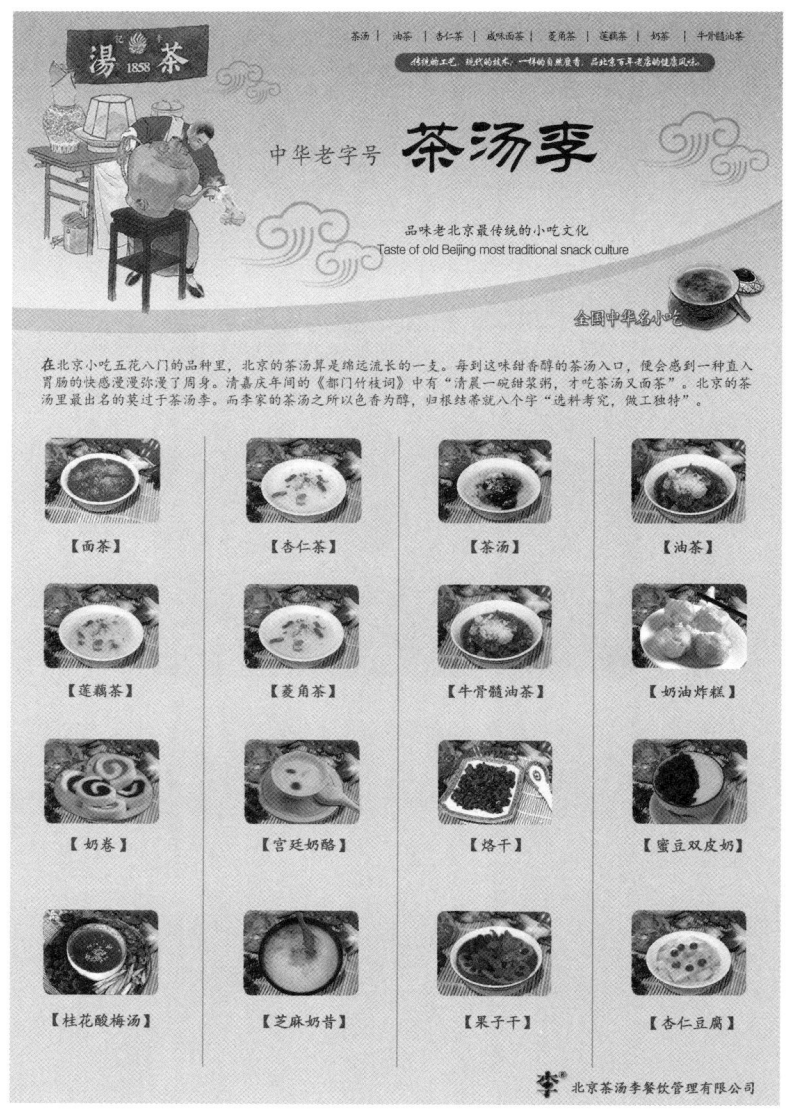

茶汤李经营品种

所以一直没来顶替自己。他恳求朱棣能够准许自己回家孝敬母亲，同时能够解除后人的军籍。

朱棣听完深为感动，立即允诺，并亲自上书朝廷，让这位老兵永不再受服役之苦。另外朱棣念及这位老兵的功劳，就命人特意为他打造一把大铜壶作为赏赐。同时，将其母亲接至军中与儿子团聚。

老兵解甲归田后，一时找不到合适的事情做，直到有一天看到那把铜壶才突然想到，自己可以继续用糜子面做"茶汤"开店谋生，而朱棣赏赐的这把铜壶煲汤，岂不就是最好的招牌吗？

果不其然，他的茶汤铺刚一开张很快就吸引了诸多顾客。他为了方便，重新找人打了一把更大的铜壶，并在铜壶嘴用弹簧栓上一个红绒球，显得喜庆而有雅趣。后来，他经常变换"茶汤"的原料，不断丰富味感。由于他当过兵，身体强健，所以没事就爱"施展身手"：一手执碗，一手执着壶柄，双脚撇开呈半蹲式，手中打个碗口刚好"等"到茶壶嘴边，再用滚烫的开水一冲、一砸，手中的茶汤碗再由低往高一接、一迎，一碗茶汤很快就完成了。

根据这些诀窍冲出的茶汤，从无点滴外溢，完全是借着开水的"冲"与"砸"全部入碗，既不会让开水外溢，又不会激出糖浆。这一切全在短短的瞬间完成，开水劲头不够，则茶汤必生，疙疙瘩瘩的；开水出得过猛，则会浇在手上烫伤自己。食客只看他那冲茶汤的姿势和技巧，也会获得一种心理上的快意满足。同时，他这样烫制茶汤的技艺，别人也无法模仿。因这位老兵姓李，他煲出的茶汤也就被人尊称为"茶汤李"。就这样，"茶汤李"的名声一时之间响遍了燕京的各个角落。

五百多年过去了，"茶汤李"的茶汤至今依然在北京盛行，"茶汤李"也成为众多中华老字号当中叫得最响亮的字号之一。

今日茶汤李餐厅

鹤年堂创办养元社驱除瘟疫

明嘉靖元年（1522年），嘉靖皇帝刚登基不久，陕西省爆发了惨绝人寰的大瘟疫。适值炎热的夏季，瘟疫迅速传遍南京、山东、山西、浙江，京城也未能避免。老百姓深受其难，就连各地驻军也受到了很大影响，死亡人数不断攀升。一时间尸骨遍野，哀鸣不绝。书上记载的"死者相枕连途，生者号啼盈市。弃家荡产，比比皆是；鬻妻卖子，在在有之"，说的就是这种情况。瘟疫造成人口锐减，土地荒芜。面对疫情，嘉靖皇帝寝食难安，愁眉紧锁，桌面上的奏折堆积如山，然而朝堂上下却毫无良策。

室外，月光皎洁。嘉靖皇帝却无一丝赏月的心情，一直在寝宫内徘徊。这时候，有内侍来报："严翰林前来求见！"嘉靖皇帝刚登基不久正当踌躇满志之时，十分勤政，无论大小官吏随时都可以陈词上谏。嘉靖皇帝心想，既是深夜觐见，想必定有重要之事，随宣之入内。所来之人正是翰林院侍读严嵩，严嵩是江西人氏，自幼饱读诗书颇具才名。

严嵩觐见嘉靖皇帝，先是一番叩拜，随后禀报南京疫情近况："臣自南京而来，瘟疫横行，军民皆损，土地荒芜，引起饥荒，常有饥殍瘟尸载路。市易药饵则为人所攫取，鬻女卖子时有发生，童稚弃之于市，随处可见……"

"你深夜到此只为此事？"南京疫情早有当地官员上报奏折，严嵩深夜来访若只为了说这些，而没有解决方法，无非是徒增烦恼。所以，嘉靖皇帝不禁流露出一些愠怒之色。

"启禀陛下，臣还有喜报。臣自南京而来，见空中祥云笼罩，有群鹤集绕之状，涉水之时，灵风飒然，河水有骤长之异，此皆为祥瑞。"

严嵩再次弯腰恭敬施礼。

嘉靖皇帝喜欢听祥瑞之说,听严嵩这样说,火气顿时消了一半。他问道:"此祥瑞有何应照?"

严嵩垂手而立回答道:"臣白天曾在鹤年堂路过,见其门口熙熙攘攘热闹非凡,进去之后,方才看到曹氏正在施舍治病。"

"你说的可是神医曹蒲飒?"

"正是此人!他聚集京城近郊素有佳誉的医士以及社会名流,成立养元社,针对瘟疫之事,研制出避瘟金汤,正在街头向过往行人免费施舍。"

旧日鹤年堂

"果真如此?"嘉靖听完不禁龙颜大悦,喜上眉梢,连连击掌叫好。

"正是,只是……"严嵩吞吞吐吐似有隐衷。

"但说无妨!"这个消息对嘉靖皇帝来说,不啻是雪中送炭,令他欣喜万分。

"臣在鹤年堂滞留数个时辰,通过交谈、和实地查看,终有所悟。臣认为瘟疫所及之地百姓愚昧,将疾病当成妖魔作祟,用鞭炮和火烛来驱魔,不但不能消除疫情,反而于事无补,不断加重疾病的传播,实在不是明智之举。"

"这是你的想法?"嘉靖反问道。为了祛除瘟疫传染,朝廷已经下诏采取了很多方法,其中就包括放鞭炮驱逐瘟疫。这个办法是由一位著名的道士提出来的,这个道士在民间名声很大,曾经救助消除过许多人的灾祸，所以对道士提出的这个办法许多人深信不疑。

"这不仅仅是臣的愚见，也是养元社众成员提出来的。曹医士言瘟疫传染是疾病，除不洁事，方能有效防范。燃放鞭炮不但造成天地之气污浊，留下的污物亦会加速瘟疫传播。"

一番话说得嘉靖皇帝心服口服。说到曹蒲飒，嘉靖皇帝早有耳闻。曹蒲飒的先辈曾是宋朝御医，学识渊博。嘉靖皇帝的父亲兴献王有一次头痛欲裂，遍寻全国名医均医治无效，后来恰逢曹蒲飒路过王府，很快药到病除。虽然那时候嘉靖皇帝年幼，但对此事印象深刻，没想到这次曹蒲飒又救了自己一急。嘉靖皇帝异常激动，辗转反侧，夜不能寐，连夜写下诏书，派遣大臣杨椒山前去慰问犒赏。

杨椒山一大早接到圣旨，便匆忙赶往鹤年堂。结果却扑了个空。店员告知，曹掌柜天还未亮就奔菜市口施药去了。杨椒山听完，又急匆匆赶往菜市口。

杨椒山一行人还未走到菜市口，远远就看到一条长龙似的队伍，人人手里捧着个大碗。队伍的尽头是一口偌大的药缸，旁边还有正沸腾着熬药的锅炉，空气中飘荡着浓郁的中药味。曹蒲飒正在指挥着几个伙计，忙碌着向排队的人们分发药汤。

鹤年堂员工精选饮片

鹤年堂发起成立养元社抗击瘟疫，帮助朝廷解除疫情困扰，救民于水火之中，得到朝野上下热烈称颂。见到椒山到来，老百姓纷纷高声颂扬起鹤年堂与曹掌柜。曹掌柜看到杨椒山等人,连忙上前迎接,并与他们一起回到鹤年堂。听说钦差大臣到来,很多医士也纷纷赶来。

"不知养元社在什么地方?"杨椒山忍不住问道。

"请随我来!"曹蒲飒说着,就带着杨大人前往鹤年堂新成立的养元社。

一进门,就看到院内堆满了药材,数十位医士正在紧张地忙碌着,有的配备药材,有的在捣药,有的负责抄写药方,每有改进,立马抄写下来,再通过驿站快马加鞭传达给外地的同行。北京近郊已有不少药铺派人前来取方、购药,并用之于民了。

杨椒山喊来旁边一名医士问道:"你是哪里人?"

"回大人,草民来自山东,半个月前接到鹤年堂的邀请,前来商讨预防瘟疫之策,来京已有三日。"

"那你这一趟开支不小呀!"杨椒山赞许道。

"草民也不过是贴了几个路费而已,这些天的吃住皆有鹤年堂妥善安排,况且——"医士操着浓重的山东腔答道,"在这里,鹤年堂的曹兄每天都会发我们一些津贴。我明日便要将此药方带回山东。"

杨椒山又见一位鹤发童颜的老人,正在和几位年轻的医士皱着眉头合计着什么,便将他请了过来。

"不知老先生作何思考?"

"我正在编纂养生历。"老先生说完,轻轻捋了一把胡子。

"养生历?"杨椒山有些疑问。历法一般都是朝廷钦天监掌管,没想到研究医学的人也要编纂历法,所以杨椒山一下子来了兴致。

"大人有所不知,人与宇宙变化息息相关,天有满天星斗,人有周身毛孔;天有日月为明,人有二目为活;天有四季,人有四肢;天有北斗七星,人有七窍;天有大气周流,人有血脉贯通;天河不流则壅,血流不通则病;天有雷霆,人有咽喉;天有风,人有气;天有雨,人有泪;天有不测风云,人有旦夕祸福。所谓春发秋收、冬藏夏补,都是有一定道理的。随着节气的变化,人的身体健康状况也应该有所变化。不同的季节做不同的事,不但可使身体无病,还可以延年益寿呀!"

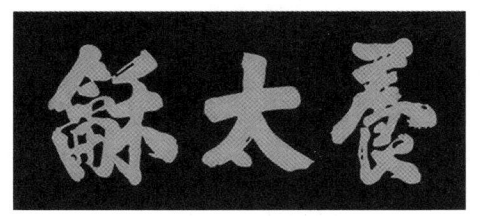

鹤年堂提出"调元气，养太和"

杨椒山听罢，不禁击节叫好！这等历法若是问世，的确是造福于民、造福社会的一件大好事。

看到钦差大臣对养生历如此充满好奇，曹掌柜不禁莞尔一笑："养生是我鹤年堂的立店根本，自创始人丁鹤年起，鹤年堂的宗旨就是养生养性、延年益寿呀！已经整理的膳食汤粥饮品就有数千种，既是美味又是药品。只是这些年，世人只知补品好，却不知补品不能滥用，也不知该何时服用为好，以至于身体受损。鹤年堂为预防瘟疫，召集众同仁共同抗击疫情，恰逢同仁俱在，便想着集大家的智慧，商讨养生历事宜，从根源上预防和减少疾病的存在。这次瘟疫是春天生发，祸患便在冬日，我与众人商定，将腊月八日定为养生日，每逢此日，遍邀天下名医，商讨次年该如何防范瘟疫和保养身体。"

听完曹蒲飒的精彩回答，杨椒山想起自己每次上朝归来，深感体乏无力，一直找不到原因，服用许多补药也不见好，趁此询问了原因。

曹蒲飒了解到杨椒山自幼丧母，家境贫寒，且常常秉烛夜读，身体一直比较孱弱。经过诊脉，曹蒲飒说杨椒山的病是由于幼时营养不良、脾胃虚弱造成的阴阳两虚证，建议他以药膳养阴温阳、食疗调理为佳，当即就给他开了个方子。

鹤年堂的秘藏配本

杨椒山回去之后立马写了数页赞美之词，上报嘉靖皇帝，同时还奉上曹掌柜赠送的几坛秘制养生酒。嘉靖皇帝服用之后，顿觉数月来的疲惫一扫而光，浑身有劲，精神焕发。没过多久，各地纷纷传来喜报，人们服用鹤年堂的药汤之后，病情得到控制，且很多人已经被治愈。就这样，瘟疫渐渐消失，老百姓的生活开始恢复正常。

而作为钦差大臣的杨椒山，更是获益颇多，自从服用了鹤年堂的配方膳食，仅仅十天的功夫就解除了困扰着他十几年虚弱体乏无力的症状。随着体力不断恢复，他身体康健，耳聪目明。忍不住内心的激动，派人将曹蒲飒请来，挥笔写下了一副对联，作为对鹤年堂以及曹蒲飒的真诚答谢："欲求养性延年物，须向兼收并蓄家"。星移斗转，时过境迁，转眼就是数百年过去了。如今，这幅对联仍一直高挂在鹤年堂的厅堂之上。

"吟咏臭豆腐"中"贡士"

清康熙八年（1669年），京城要举行会试。全国各地的优秀考生闻讯纷纷赶来，他们都是各地乡贤推荐，通过层层考试选拔上来的举人，会试竞争非常激烈。所以落榜者中仍有不少佼佼者，王致和就是其中之一。这位来自安徽省仙源县（今安徽黄山市黄山区仙源镇）的贫困中年书生，与其他落榜生一样，不甘心就这样收拾行李回家。作为一个普通的穷书生，王致和决定暂时留在京城，先找一份差事做着，等待下一次科举。

京城繁华，生活成本也较高。王致和带来的盘缠不几日快要花完了，而想找到一份合适的差事也并非易事。京城容纳了全国各地的精英人才，王致和在这里不显山不露水，加上他是南方人身材较小，也干不了繁重的体力活，很快陷入了生活的窘境。

不过由于他忠厚老实，短短的时间，便跟房东相处得十分投缘。房东是个小买卖人，平时经营一些蔬菜生意。之前房东曾做过豆腐，但嫌磨豆腐工序繁琐便放弃了。他见王致和无事可做，便怂恿王致和学习制作豆腐，做豆腐生意。一则是王致和做了生意不至于拖欠他的房租，二则他也愿意支持这些日后或许会跃上龙门的举人们。迫于生计，王致和只好答应了。一边学做豆腐维持生活，一边忙中抽闲刻苦攻读。转眼间，大半年过去了，到了盛夏季节，豆腐生意进入淡季。王致和做的豆腐一时卖不完，又担心辛辛苦苦做出来的豆腐坏掉造成浪费，就从集市上买来一些坛子，把未能出售剩下的豆腐切成四方小块，配上盐、花椒等佐料，放进坛子里暂且腌着。

还好，他大半年挣的钱足够花上一阵子。于是他开始歇伏停磨，如饥似渴地攻读诗书,以备战会试。渐渐地,他忘记了坛子里腌制的豆腐。炎热的夏天悄悄过去,转瞬秋凉已至。王致和重操旧业,加工豆腐时,蓦然想起自己曾腌制的几坛豆腐。当他将坛子打开时,一股臭味扑鼻而来。王致和连忙用手掩住口鼻,扭过头去,伸手用勺子将豆腐舀出来一看,豆腐全都成了青灰色,而且上面和坛子边缘都泛着长长的绿毛。他顿时懊恼不已,心疼起这几锅豆腐,悔不该粗心大意,早应该将其拿出来分享给周围邻居们食用。

王致和自幼以勤俭为本,又在京城备尝生活之艰辛,尽管他发现"豆腐坏了",但总觉得这样扔掉十分可惜,于是他大着胆子尝了一尝,忽然发现别具风味。接下来,他反复品尝了几次,发现自己身体并无异样,遂将其分些送给左邻右舍品尝。邻里看到散发臭味的怪异豆腐,个个不敢下口,直到王致和当面试吃,他们才小心翼翼地品尝起来。

这一吃不当紧,邻里们马上发现这豆腐入口竟有一股浓郁的酱香味在舌尖缠绕。品尝者无不啧啧称奇,认为这是天下少有的美味。很快,王致和的臭豆腐一下子传播开了,"闻起来臭,吃起来香",一时成为街头巷尾、茶余饭后的奇谈。

王致和南酱园(盛锡珊绘)

虽然名为"臭豆腐",但它不是人们想象中的恶臭。于是王致和抓住这一点开始做文章,利用人们的猎奇心理,发明了好几种独到的吃法,最叫绝的就是臭豆腐热汤面,最受当时沦落京城的莘莘学子们的喜爱。这种热汤面,就是白水煮面条,佐料可以另加。一般北京最流行的是加炸酱,但是加炸酱价格就要贵上一倍。因为面是可以随意添加的,学子们大都不太富裕,加上几块自带的王致和臭豆腐,也能承受得起,很多人一吃就是三大碗。

粗粮杂粮制作的窝窝头因粗糙难以下咽,穷人们常年吃不起菜,臭豆腐的出现一下子解决了这些问题。那些年轻知识分子尤其喜爱臭豆腐,甚至编了很多传唱的歌谣,如:"窝窝头就臭豆腐,吃起来没个够。","吃上一块臭豆腐,锦绣文章不知休"。甚至在文人墨客经常组织的小型聚会上,王致和的臭豆腐也频频闪亮"登场",成为众人下酒吟诗的一道好菜。

由于误打误撞,王致和制作出了人间美味"臭豆腐"。北京的包容性让臭豆腐很快成为流行,王致和一时名声大噪,成了当时京城妇孺皆知的名人。他的豆腐生意日渐火爆,财源滚滚而来。

由于王致和的臭豆腐成为流行,以致常常供不应求,很多聪明的同行从他的故事深受启发,也开始琢磨臭豆腐的做法。几个月的时间,街头就开始出现大大小小十几家臭豆腐店。由于卖豆腐多是行商,没有固定摊位,所以人们对当时的情况用"一臭万年,香飘万家"来形容。

有竞争才会有更高的追求。王致和作为第一个在京城卖臭豆腐的人,他的名字本身就具有品牌效应,给人专业、正宗的印象。王致和也不断追求创新,精益求精,在"细、鲜、香"上做文章。他在原材料上增加香油、炸花椒油之类的佐料,并且对时间的把握更精准,使得自家的臭豆腐别具一格,带有一种沁人心脾的醇香,因此味道更加鲜美、质地更加细腻、也更富有营养,成为老幼皆宜的佐餐小吃。

就这样,王致和的豆腐买卖越做越大,而且白豆腐、臭豆腐兼营,不断向京城周边辐射,成为更多食客餐桌上的珍馐美味。由于一门心思做豆腐,加之生意太忙,王致和渐渐忘记了科举,直到房东一遍遍提醒他，他才恍然大悟，想起自己来京城的目的，是要考取功名衣锦还乡的。生意人在当时社会地位较低，做豆腐生意就算身价数万，恐怕回到家乡也并不光彩。这时候他也开始想着科考了。

图画王致和

很快到了会试时间，王致和发现自己的策论成绩下降得很厉害，而由于他在京城经常靠豆腐赞助文人聚会，诗艺倒是提高不少。经过第一轮考试，王致和对自己的成绩不禁倍感失望，深感光阴虚度，在考场里一时愁眉不展。心思也总是回到自己的豆腐锅里，总担心这几天豆腐做不好会砸了生意。他越想越出神，嘴巴竟然忍不住砸吧起来。这时候，王致和发现考"诗"的题目是"知味下车"，不禁灵机一动，吟诗一首，盛赞起自己发明制作的臭豆腐。

他奋笔疾书写下开篇："名言臭豆腐，名实正相当。"

写下这两句，王致和暗自庆幸：自己发明创造臭豆腐或许会让自己流芳千古，百年后的名气恐怕不会低于今日的状元。于是他不禁诗兴大发，接着写道："自古不钓誉，于今无伪装。"接下来，他开始描写臭豆腐的特点："扑鼻生奇臭，入口发异香。素醇饶回味，黑臭蕴芬芳。"然后写到臭豆腐的深远影响："珍馐富人趣，野味穷者光。既能饫饕餮，更可佐酒浆。"在诗文结尾之处，他把臭豆腐一下子抬高不少："餐馔若有你，宴饮亦无双，省钱得实惠，赏心乐未央。"写完之后，他颇为得意，甚至打算将此诗带回去，等到有诗会之时给大家炫耀一番。他拿着卷子离开座位，将卷子递给监考。

由于王致和交卷较早，监考翻开卷子一看，八股文写的一般，再看后面竟然写了一首盛赞臭豆腐的打油诗，顿时勃然大怒，立刻喊住王致和。"大胆！"监考大声呵斥。王致和由于在考场茶饭不香、营养不良，精神状态极差。猛听一声吆喝，吓得浑身一哆嗦，回过头来一看监考双目圆睁，胡子翘起，活脱脱像一只欲要扑过来的虎狼。

王致和小心翼翼地问："不知大人有何吩咐？""你可知罪？"监考一下子将卷子扔在地上，"我看你这泼皮竟然亵渎考场，应当拉出去重打二十大板！"王致和一下子糊涂了，自己何曾有亵渎考场的举动，吓得半响说不出话。

这时候，主考官听到动静走了过来，询问发生了什么事。监考看到上差过来，赶紧汇报："这位考生玩世不恭，写作歪诗亵渎考试圣地……"说完便弯腰从地面拾起王致和的卷子。

王致和在文学上思维敏捷，一听是怪罪自己的诗，顿时就想好了对策。

这时候，主考官问王致和为何用臭豆腐入诗。王致和不慌不忙的回答："以往'知味下车'之题，考试皆千篇一律论'酒'，岂不乏味？况且草民所作的臭豆腐，表面为臭，腹内都是宝啊！"

主考一听，王致和对臭豆腐的解释倒是合情合理，而且别有寓意，不禁点了点头，对监考说道："臭豆腐入诗，别开生面，且诗意豁达，以诗阅人，作者定是有真材实料之人，应当重新裁定才是。"

监考一听，连忙称是，将王致和的卷子恭恭敬敬地收了起来。

王致和险中遇救，得中第一百零七名，放任铁岭县，后升任卫辉知府。

但是做官时，王致和的豆腐情结始终存在。最后他终于辞官，在北京延寿街开了一家臭豆腐铺，专心经营自己的字号。他不但将自己当年考场写的诗装裱放在店内，而且大门还写了一副特别醒目的对联："可与松花相媲美，敢同虾酱做竞争。"横批为："臭名远扬"。

臭豆腐历经三百多年，早已走进寻常百姓家中。即便时至今日，物质生活极大丰富，在很多高档酒席上，它仍然作为一道小菜，出现在人们的餐桌上，给人以无穷的回味。

从"下水棚子"到"砂锅居"

自吴三桂打开山海关引清军入关,李自成兵败撤离北京城后,满清王公贵族陆续入关进驻北京城。入关后的旗人,仍然保持着以前祭祀的风俗。住在宫廷、王府的贵族们,更是对祭祀风俗有增无减。在王府内是三、五日一次,什么朝祭、夕祭、背灯换索、柳树求福、乌林祭、四时献鲜祭、祭天、祭地、祭神、祭日等等,真可谓五花八门。

按祭祀的规定,每次祭祀都要用三两头整猪,以满人独有的手法加工而成,然后放在祭坛上供奉。因为不是天天祭祀,每次祭祀的肉也不一定正好,很多时候都有剩余。这些剩余的猪肉,王府的人们吃不完。可是,按规矩祭祀的东西不允许出王府的门,主家便把那些剩余的猪肉赏给下人们吃。有时,下人们也吃不完,扔掉觉得可惜,就趁王府主人不注意的时候,悄悄带出去送人或者留给家人吃。

当时,清高宗第一子王府内有位管家叫松七,每每祭祀后,那些祭祀剩余的猪肉之类食品,都由松七分给下人。因为祭祀的东西不让带出王府大门,下人们也缺不了肉吃,对这些祭祀物品不太感兴趣。管家松七为人聪明机灵,做事井井有条、干净利落,每次分完肉他往往趁主人不备的时候,带出去一小部分送给家人,大部分送给在缸瓦市打更的好友刘三朋。

缸瓦市街,顾名思义,当年是卖缸、盆、瓦罐的一条街。刘三朋在缸瓦市做更夫多年,闭着眼睛可以从东头走到西头,知道哪家商店卖什么缸,哪家卖什么盆,哪家卖什么瓦罐。松七给他的祭祀肉,他们一家其实也吃不完,冬天还好说点,肉可以存放时间长,夏天就不行了,三天不到就馊了,送给别人又舍不得。那时,京城人家能经常吃到肉的,

20 世纪 60 年代的砂锅居

可以说太少了。于是，刘三朋动起了脑筋：干脆把剩余的肉卖钱。

他就地取材，在缸瓦市街的一个角落找了一小间房子，弄个大锅，把松七给的猪肉煮一煮，或者放一些佐料，简单地加工一下，再便宜卖掉。这样一来二去，刘三朋就做开了生意。开始，生意因供应的肉不那么及时，时多时少，所以经常是三天打鱼两天晒网。刘三朋考虑这样下去不行，做生意不能间断。于是就央求松七带着他结识另外几家王府的管家，用很少的钱把那些王府祭祀剩下的肉也弄到缸瓦市街，慢慢地他的生意就归于正常了。毕竟是原料少，匀开来做生意，也只能做半天的生意。由于他这里的价格便宜，那些家里贫穷的庶民布衣、贩夫走卒之类的苦力们，经常光顾这儿，生意倒也红火。刘三朋最初也没有想着怎样在生意上发达，开店也没个名字。人们就喊他的店是"下水棚子"。

时间久了，刘三朋的"下水棚子"渐渐有了名气，那些好奇的达官贵人也开始光顾，甚至宫里的太监也隔三岔五到这里尝鲜。一天，皇宫里一个叫恩禧的满族名厨师，偶然路过缸瓦市街，看到这里的顾客出出进进煞是热闹，便问详情。有人回答说，这儿是做白肉的饭馆。恩禧就好奇地走进去。恩禧在宫里就是专做白肉的名厨，这些手艺都是他从关外带来的，说这儿也做白肉，他能不好奇么？进入"下水棚子"，他看了几眼，虽说做的都很简单，倒也香气满屋、吊人胃口。刘三朋在缸瓦市街打拼更多年，只要一看顾客的做派和衣着，就能八八九九猜出来人是做什么的，有何来头。恩禧进来一直盯着他的厨师，刘三朋就知道这人应该是皇宫厨艺高手。恩禧走后,刘三朋就托松七打听,又通过松七牵线结识恩禧。这样他和恩禧便成为了朋友。

砂锅居的镇店名菜砂锅白肉

在刘三朋再三请求下,恩禧把正宗的做白肉手艺悉数传给了刘三朋。恩禧传授的烧燎白肉技艺包括两种:一类是不经烧烤,直接将肉用白水煮,称为白肉;一类是先将白肉用炭火微烤,然后用水煮,煮成的肉称为煳肉,肘子称为煳肘。将白肉或煳肉切成薄片,不加任何调料凉着吃。烧燎白煮是满族祭肉的正宗吃法,烧,指的是油炸、红烧一类;燎,指的是烘、烤一类;再者就是煮白肉了,所以叫烧、燎、白煮。

刘三朋在恩禧的悉心指导下,掌握了满人的做法,又结合京城的一些制作技术,进一步丰富了砂锅白肉的做法。为了使生意更好,他常常思摸着给店起个名字,"下水棚子"已经拿不到台面上了。店名前后也改了几次,先是叫"和顺居",后又叫"白肉馆",各叫了半年,清乾隆六年(1741年)最终定名"砂锅居"。之后,刘三朋又将店铺改造为宽敞明亮的三大间店铺,同时他把绝活传授给徒弟们,在沿袭满人恩禧厨师的基础上又融入京城的一些技术,把"小烧"的菜肴品种进一步扩大,创建了包括72个烧碟的全席。

砂锅居全猪席入选北京市非物质文化遗产名录

当年一位旗人中堂庆贺六十寿辰。庆寿之日,六部高官、封疆大吏、八旗都统、翰林学士多来祝寿,寿堂之上明烛双燃、张灯结彩、高朋满座、盛况空前。皇宫里有几位太监也来拜寿,他们都是皇上身边的人,自然高居上座,在那里指手画脚、高谈阔论。

到了开席之际,管家走到太监们面前请了双安,说请里扇儿的老爷要菜。原来皇宫里太监们有个恶习,凡到人家坐席,无论主人有多么丰盛的菜肴,太监们都会摇头摆手,说不堪下咽,必须自己点菜,这叫"摆谱儿"。太监们七嘴八舌要菜的当儿,有个太监说:"我要砂锅居的烧碟儿炸贴",管家听罢,立刻差人去请砂锅居厨师。一听说是王府的宴请,刘三朋不敢怠慢,亲自来到王府操厨。

这一去不打紧,很快满京城都知道砂锅居的烧碟摆上了当朝中堂大人庆寿的饭桌。自那以后,京城凡有点面子的旗人、宦官等人家办喜事、丧事、寿事、满月,无不以砂锅居的烧燎白煮为主要席面,谁家搭棚办事若不摆砂锅居的烧碟,比什么都丢脸面。

砂锅居名声大振,越传越远,一来二去竟然传到乾隆皇帝耳朵里。一天,乾隆帝兴致极高,想到太监们传说的砂锅居"白肉一绝",遂差人传砂锅居厨师进皇宫来。乾隆帝膳后自觉余味未尽,兴之所至,遂提笔写下:"此乃珍馐,味之一绝。"从此,这块皇帝钦赐的匾牌,一直悬挂在砂锅居店内,成为招徕顾客的金字招牌,使之生意越来越兴旺发达,经久不衰。

乾隆皇帝赐号"清秘阁"

乾隆初年一个闲适的下午,乾隆皇帝在御花园内游园赏花,饮酒作诗。嫔妃们一旁为他研墨,时而翩翩起舞。

没过多久,乾隆皇帝便醉意朦胧。只见他手持毛笔在绢上酣畅淋漓地挥洒壮志豪情,口中高声朗诵道:"题诗石壁上,把酒长松间。远水白云度,晴天孤鹤还。虚亭映苔竹,聊此息跻攀。坐久日已夕,春鸟声关关。"

吟诗作罢,乾隆不禁仰天长叹:"我何时也能像云林(倪瓒)一样,怡然于山林之间,泛舟于湖河之上,潇潇洒洒做个快意的君子呀!"

正在这时,太监传话:"周嬷嬷来了!"

周嬷嬷缓缓而来,走到近前连忙跪拜,乾隆挥了挥手,表示免礼。周嬷嬷微微一笑:"万岁爷真有风雅,躲在这里饮酒赋诗,逍遥自在。"

原来刚刚乾隆感慨,被周嬷嬷全听在耳朵里,若是别人不敢轻易评论,但周嬷嬷是乾隆的奶妈,乾隆自小被她服侍,有一些感情。况且乾隆身边的侍从大都唯唯诺诺,没有一个能聊得来的,正是奶妈敢说敢言的性格让乾隆觉得她与众不同,所以能允许她有时候说话随意一些。

"万岁爷做的好好的,非要羡慕什么雅士,还要隐居山林,难道万岁爷为了追逐风雅,连江山也不想要了?"周嬷嬷接着又意味深长地说道。

如果是别人,谁也不敢如此说乾隆。可是周嬷嬷作为他的奶妈,那就另当别论了。虽然从乾隆六岁时,周嬷嬷就离开了皇宫,但是每逢乾隆生日或者太后诞辰等重要节日,乾隆都会差人将周嬷嬷请进宫。乾隆初登帝位,大臣只知道乾隆喜爱文玩,周嬷嬷却深知乾隆像他的父辈那样,虽然也是马背上打天下,却非常羡慕江南文人那一份闲情逸致。尽管周嬷嬷如此说有些"不敬",但她知道这样说更能夸赞乾隆对文人高士的钟爱,乾隆不但不会怪罪,反而会十分高兴。

果不其然,乾隆不但没有怪罪周嬷嬷,还立即命人赐座。周嬷嬷落座后轻轻叹了一口气,脸上很快露出忧郁的神色来。

乾隆见状忍不住问道:"奶娘看似有些烦恼,这是为何?"

"哎!我还不是为我那不争气的儿子发愁呀!"周嬷嬷抹了一下眼泪,"眼看他快到而立之年却一事无成,我日夜为他忧心忡忡。今日不顾这张老脸面前来拜见万岁,想请万岁爷为他谋个差事……"

乾隆一听颇有些犹豫:周嬷嬷的儿子他是知道的,与自己年龄相仿,自小不爱读书,论武艺更是不值得一提,朝堂之上恐怕是去不了的。若养个闲人也无可厚非,但未有发展前途,而且宫中府中管理制度严格,怕是平时难以抽身回家陪伴奶妈。

周嬷嬷看到乾隆沉思无语,知道大有希望,遂拿起丝巾遮住脸面哭诉道:"可怜我年纪越来越大,若是有一天不在了,我儿可怎么活呀!"

这一哭诉,乾隆动了恻隐之心,从小他与奶娘亲如骨肉,整天形影不离,一直视若生母一般,见她哭诉于心不忍,但一时又没有什么好的主意。

这时候,有内侍送来一卷贡宣,乾隆脑海中忽然灵光一现,心里便有了主意。

乾隆热爱书画,平时非常喜欢舞文弄墨,再加上满朝文武官员及翰林院的学子,对笔墨纸砚的需求量是非常大的,如果把这个生意交给奶妈,单是这项收入足够养活许多人。而奶妈的儿子既不能从政、也不能从军,恐怕只有从商了。主意已定,乾隆忍不住面露喜色。

周嬷嬷看到乾隆皇帝正微笑着注视自己,就知道事情有了眉目,连忙张口询问。当得知是做文化生意时,奶妈不禁又忧愁起来:"文化生意虽好,但是成本也不少,还要有经营地方呀!家中哪有这些钱呢?"

乾隆哈哈一笑:"我看琉璃厂一带士人较多,文房四宝生意较为兴隆,我这就着人安排,给你弄几间门面,你就等着做掌柜吧!"

周嬷嬷听完,知道皇帝金口玉言,连忙作揖谢恩。可是她仍不放心,为了让生意有保障,她又提出了要求:"皇上,我是个粗人,做文房四宝一定要有个好字号,请皇上再给赐个字号吧!"

乾隆一听很是高兴,起字号是自己的一大爱好,如今奶妈开的店,代表的也是自己的脸面,一定不能输了风头。这时候,他的目光落到面前的《云林诗集》上来,所谓"云林"是著名书画家倪瓒的字号。倪瓒作为元代四大书画家之一,是乾隆皇帝最喜欢的书画家,称其为元四家之首,认为其格调比黄公望还要略高一筹,达到了"逸"的书画最高境界。尤其是他的《六君子图》,一直高挂在乾隆的书房,乾隆没事就看上几眼,寥寥几笔,意境深远,画中的风景层层深入,远近分明。倪瓒自视清高,将自己的书房起名"清秘阁",尤其得到皇帝的喜欢。乾隆一度想将自己的书房也叫做"清秘阁",但是考虑到书房在皇宫,很难达到"清""秘"的境界,生怕玷污了字号,迟迟没有使用。今日奶妈请求,正好可将此字号赠给奶妈,琉璃厂士人较多,此字号定能吸引众多文人墨客。主意一定,乾隆脱口而出:"清秘阁"。

清秘阁西店门脸

没想到周嬷嬷还不知足,竟然又提出新的要求:"既然是皇上提出的字号,请皇帝赐个墨宝吧!"

这一要求令乾隆有些为难,他虽然十分喜欢"清秘阁"三个字,也时常偷偷练习倪瓒的书法,并临摹他的字画,然而,身为皇帝毕竟政务繁忙,哪有什么时间经常练习呢,自知书法水平与倪瓒相差甚远。既然想到全力支持奶妈,就应当亲自写上几笔,这样会给奶妈的生意带来诸多意想不到的惊喜。可是,自己的书法水平实在勉为其难。

这时候,一名太监匆忙跑来传话道:"大臣阿克敦布前来求见!"乾隆连忙拍手称快:"真是想什么来什么!"

阿克敦布被称为清朝六贤之一,最初做满汉通译,后来教授乾隆汉语,乾隆皇帝的诗词书画深受他的影响。阿克敦布擅长书法,偶写兰竹,时人称其山水小品"亦有云林(倪瓒)逸趣",若是让他题字,恐怕再适合不过了。

就这样,阿克敦布还未见到乾隆,便被宣到御书房伺候笔墨,在乾隆的安排下,写了三个苍劲有力的欧体大字"清秘阁"。

不到一个月的时间,清秘阁就在琉璃厂开张了。听说是乾隆皇帝赐的字号,并且字号是奉皇帝的旨意,由贤臣阿克敦布题写,朝中一些王公大臣纷纷送来贺礼,也有不少寒门士子前来参观欣赏书法。一时间,清秘阁门前车水马龙、热闹非凡。

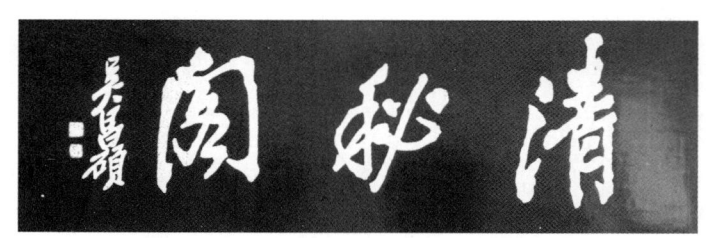

吴昌硕为清秘阁题写的匾

人气是有了,但是若无特色产品,恐怕也是难以长久维持。周嬷嬷见过世面,深知居安思危的道理,她下定决心一定要研制出别具一格的招牌产品来。

经过对市场信息的一番搜集整理,她发现琉璃厂做文化生意的虽然很多,但真正有影响力的却寥寥无几,而且都拥有别家无可复制的产品,有的专营墨,有的专制笔。那"清秘阁"将来凭什么立足扬名呢?周嬷嬷不禁陷入了沉思。

正在这时候,她听见旁边有两位文人在闲聊。其中一人牢骚满腹,连称买不到好印泥,使用过后总是很快脱色,而且颜色不够深浓。一席话激发了她的灵感,她决定今后"清秘阁"就先在印泥上面做文章。

经过多方打听,周嬷嬷得知质量较好的印泥一般产自福建,那里的印泥颜色鲜艳夺目,以珍珠、玛瑙等多种原料经过研磨、加工等工序制作而成,生产的印泥不容易掉色。周嬷嬷毕竟在宫内呆过,深知宫内所用之物尤为讲究,若是能得到皇帝和翰林院的认可,生产的东西便能迅速畅销全国。她知道宫内用物,特别讲究色、香、味俱全,如果自家的印泥质量上乘,再散发出一缕缕芳香,并且包装美观漂亮,岂不就完美无缺了?想到这儿,她马上请来许多印泥制作专家,研制新的制作方法,经过反复试制,没过多久,隐隐透着一股麝香的"八宝印泥"便横空出世了。这种印泥专用特别精致的青花瓷盘包装,显得清新雅致,颇具韵味。"八宝印泥"一经问世,立马受到乾隆皇帝的喜爱,下旨定为"贡品",其销路畅通自不待言。

若是只有八宝印泥作为主打产品,显然仍处于较大的劣势,印泥持久耐用,买上一盒能用上半年,怎么能带来源源不断的财富呢?最终,周嬷嬷将经营的目光落到了文房四宝上。

笔墨纸砚需求量大,而用得最快、需要不断购买的就是纸了。于是,周嬷嬷不惜重金,从安徽宣城地区挖来当地几位制作宣纸的老艺人,并且专门打听近年来贡宣的特点,了解其优点和短处,然后扬长避短,生产出来的宣纸很快达到国内一流水平。紧接着问题又来了,自己生产出来的高质量宣纸很难与别家的区分开来。造纸术问世千年,其工艺水平很难再有新的突破。于是周嬷嬷便想着在"特别"上做文章,她命人研制一种特殊模具,在每张宣纸的中间或角落留下许多"镂空",夜晚只要将宣纸放在灯下一展开,就会隐隐约约出现"清秘阁"三个字。由于她的模具是特制的,所以很多人都弄不清楚这到底是怎么回事。

　　虽然说上等宣纸很多，但由于清秘阁多了一项防伪标识，所以买清秘阁的宣纸成了一种地位和身份的象征。一时间，文人士子趋之若鹜购买，"清秘阁"宣纸很快便在市场上打开局面，其生意日益兴隆起来，店面一扩再展，经营范围也由原来只经营宣纸、印泥等文房四宝，拓展到开设米店、油店等更多的生意。由于清秘阁独具的经营理念和别人无法复制的优质产品，使得它历经二百多年，至今仍长盛不衰，成为中华老字号又一盛景。

天福号"摔罐分钱"

清乾隆三年(1738年),山东省掖县(今莱州市)人刘凤翔凭着会做酱肉的手艺前来北京城闯荡。他初来乍到,举目无亲,幸而遇到一位山西客商谢先生,这才没有露宿街头、流浪乞讨。谢先生手头有点闲钱,一直想找个生意来做,却苦于一时找不到合适的生意。当他得知刘凤翔有着一门独特的酱肉手艺,便邀请刘凤翔到家中掌厨。谢先生品尝过刘凤翔做的酱肉之后,顿觉味道鲜美、余味无穷。于是,他与刘凤翔商议,由二人合伙开一家酱肉铺。谢先生负责出资在西单牌楼附近租下一个小店面,兼管理员工,刘凤翔专门负责食品制作。

1955年的天福号

当时，北京做酱肉的店铺有很多家，仅西单牌楼附近就有十几家。为了能够很快站稳脚跟，谢先生与刘凤翔在做酱肘子生意的同时，不断扩大经营范围，常常买来一些鸡鸭等禽类，让小工和学徒宰杀，趁着后院煮猪肉的大锅熬制的肉汤加工其他一些熟食。经营的种类一多，便招来更多的顾客。那时候都是前店后厂，买来的所有活物，全在后院处理。没过多久，谢先生与伙计们之间便产生很大的矛盾。杀猪倒还好说，处理得比较干净，关键就是那些鸡鸭，每次宰杀前，必须先拔去羽毛。按照惯例，那些羽毛拔掉后要收集起来，然后再卖掉，卖掉的钱也全部归东家所有。谢先生是山西人，做生意是块好料子，对待员工却十分苛刻。每次都会因为禽类羽毛未拔净，或者拔下的毛没能及时妥善保存，或弄脏地面而勃然大怒。一生气他就体罚学徒工，甚至克扣工钱。这样一来，谢先生同小工、学徒之间渐渐积下一些矛盾，随着时间的推移，矛盾越积越深。

谢先生颇为好色，经常逛妓院喝花酒，因为品行不端，自然不得人心。刘、谢两人合开的酱肉铺子，最初两年由于市场竞争大、酱肉铺子小，生意较为平淡。每到年终，伙计们得到的薪水并不太多，工作积极性也调动不起来。而作为合伙人的刘凤翔，虽然是大师傅、地位很高，但是一年下来也分不了几个钱。

有一天，谢先生不在后院，几个小工聚在一起叙闲话，纷纷议论谢先生的种种不是。其中有一个叫小六子的学徒牢骚满腹："咱们大掌柜也太抠门了，自己经常花天酒地，哪里考虑过我们这些小工的死活！"小六子心直口快，说话也比较诚实，"当初大掌柜可是许诺我们，只要跟着他好好干，每个人都会有个好前程的。可眼下看他的行为举止，觉得继续呆在这里干下去，绝对不会有什么出息！"

"年三十，我家中遇到一些麻烦，想预支一些工钱出来，你们猜谢先生怎么说？"另一位年轻的小工接过话茬。

"怎么说？"众人齐声问道。

"我说二蛋呀！你这是癞蛤蟆想吃天鹅肉呀？"二蛋模仿着谢先生的口吻，并且还假装捋了捋胡子，"咳、咳，如果大家都像你一样向我借钱，我过年还不得喝西北风呀？况且，你们也知道，我这酱肉铺不过是外面好看，每到年关，我都是熬着过的！"

"吝啬鬼！"众人纷纷骂道，不过也被二蛋的精彩表演，逗得哈哈大笑。

"老谢的好日子长不了！"

"是呀！我看这个小肉铺恐怕也维持不了多久，老谢胸无点墨，就是个土鳖财主，只顾眼前小利，没有长远眼光，在京城还能呆多久？"应声的是伙计老马。这老马本是京城郊区的农民，嗓门比较大，看问题也比其他几个小工透彻。

"呸！"小六子狠劲儿拽了一把鸭毛，用脚踩了踩，随手扔到锅炉下的烈火中，"我让你要鸭毛，要个屁！"正在这时，刘凤翔刚好赶到后院查看火候，看到了这一幕。小六子顿时惊慌失措，他知道自己闯了大祸，店里任何一样东西都是属于东家的，刘师傅作为二掌柜，鸭毛里也有他的股份呀！自己这不是撞在枪口了吗？他瞠目结舌，一时间说不出话来。其他几个员工也都噤声不语。

若是搁在别的店里发生此事，小六子肯定少不了一顿暴打，而且还会立马被赶出门去。若是撞见此事的是谢先生，恐怕后果将更加严重，他只要一用山西话骂人就得一个时辰不停歇，而且花样百出，尽管听不懂他骂的是什么，但声声刺耳。

然而，刘凤翔没有这样做，反而走上前安慰小六子。刘凤翔作为山东省掖县人，既有山东大汉的豪爽，同时也具备掖县人的聪明智慧。他在北京城西单牌楼开店这两年，发现很多店铺都存在一个大问题，那就是管理小工很麻烦，特别是一些成熟工很难留住，这令他百思不得其解。当他看到小六子如此举动，知道这批工人与这家酱肉铺已经没有多少感情，到了反感、厌恶甚至仇视的地步，如若不能及时扭转这种局面，恐怕用不了多久，店铺只能关门大吉。

一连数日，刘凤翔发现伙计们见到自己表情极不自然，小六子更是惶恐不安。为此，他内心极为焦虑，必须想出一个好的对策，不然很可能会出现"走人"的现象。第三天，他带着一坛老酒，专门找谢先生叙说心事。"什么?"谢先生听到刘凤祥的来意惊呼道,"你疯了吗?"

"还请谢先生多加考虑!"刘凤翔态度十分坚决,"不然我们的酱肉铺危矣!"

"老刘,你真糊涂!竟然为几个伙计说话,这只会让他们气焰更加嚣张,这事我决不答应!"谢先生几杯酒落肚,声音也放大数倍,"只要我在,就不允许有这种事情发生!"

原来,刘凤翔想了一个能提高小工收入的建议,就是将宰杀的禽类羽毛卖的钱,全部分给小工。而肉铺每天都要宰杀上百只鸡鸭,一旦把这笔钱积攒下来,也是一笔不小的收入。谢先生实在不愿轻易放弃,就这样两人不欢而散。

自从刘凤翔与谢先生谈话之后,两人心里的隔阂越来越大。这时候,谢先生因长期眠花宿柳,身体每况愈下,对做生意丧失了最后一点信心,借此机会他便跟刘凤翔摊牌,提起分家之事。刘凤翔爽快地答应了。于是刘凤翔出了些钱给谢先生,从此他便成了酱肉铺唯一的东家。

刘凤翔独自接管酱肉铺以后,想到的第一件事就是给铺子起个字号。说来也巧,在他去永定路进货的途中,因长途跋涉,又累又饿,便把货物停放在路边歇歇脚,然后奔向一个旧货摊。正蹓跶着呢,冷不丁抬眼瞅见旧货摊上摆放着一块旧匾,上面写着:"天福号"三个苍劲有力的大字,字为颜体、美观漂亮。刘凤翔心中乐了:"这仨字好呀!天福,上天赐福,嘿,这不正是我梦寐以求的字号吗?"他二话没说把这块匾买了下来。回到铺子里,他亲自上漆刷油,把匾牌粉刷一新,然后挂在店门上方。

他这一挂牌,小店顿时蓬荜生辉,引来无数人驻足观看,赞不绝口。借此机会,晚上他特意设了一场"家宴",将店里的伙计全都请来,一同共进晚餐,开怀畅饮。席间趁着酒兴,他突然宣布心中酝酿许久的想法,众人听后,一下子乐翻了天,纷纷举杯敬酒。

到了第二天,几位小工将鸡毛、鸭毛卖掉之后,手里拿着几十枚铜钱不知如何是好。刘掌柜虽然许诺过卖鸡毛、鸭毛、鹅毛的钱全部分给小工,但是具体怎么分,倒是个问题。况且那个话是在酒意正浓之时说

今日天福号旗舰店

出来的，到底算不算数，大家心里没底。

伙计们正在犹豫，刘凤翔来到后院，见到大家的神情慌乱，马上就明白了。他示意这笔钱大家可以分，可是众人依然愁眉苦脸。

"这钱怎么个分法，刘掌柜倒是给我们出个主意吧！"老马问道。

"我昨天已经说了，这些钱完全属于你们，哪怕以后有了别的东家也都不能动这笔钱！"刘凤翔掷地有声地答道。

"每天的钱平均下来也不多，而且不一定刚好平均……"

"我建议大家轮流收钱，每天的钱只归一个人所有……"

"可是大家轮流收钱，难免每日都不一样……"

众人七嘴八舌，刘掌柜挥了挥手示意大家不要嚷嚷。

"为了让你们平均，而且得到钱知道珍惜，不会随意花掉，我已经给你们准备一个大坛子，每天都将卖的禽毛换来的铜钱扔进去，到年底你们再平均分！"

"可是，这笔钱该如何保管呀？万一失了窃……"

"这些我都想到了，几天前我特意让人制作了一个罐子。"刘掌柜说完，让人抬进来一个奇怪的陶罐，只见这个陶罐圆圆的大肚子，浑身上下却只有一个很窄的"缝"。刘凤翔指着这个"缝"说道："你们看这个罐子，这个口只能向里面塞钱，手伸不进去，倒也倒不出钱来的，这样的设计岂会失窃？而且我会将它放在醒目的地方，你们大家都能看见，可以互相监督。临近年关，你们摔罐分钱！"

众人一听，纷纷鼓掌喝彩，没想到刘掌柜思虑得竟如此周全，而且这个罐子早早就命人打造烧制好，看来不是昨日喝醉了酒，昏了头，一时兴起信口开河，而是心中早就为伙计们谋划了啊！既然如此，大家就安心在这里好好干吧。从此以后，后院的伙计每天来做工，一眼就能看到这个陶罐，就知道自己的钱又多了一些，所以大家的工作态度一下子转变了许多。他们都很清楚，只有生意好，自己才会得到更多的分红。刘凤翔这一招，迅速将天福号酱肉铺员工们的心凝聚并振作起来。

由于大家团结一心，加之刘凤翔的特色酱肘子制作技艺独树一帜，天福号的生意做得越来越好，越做越大。虽然历时近三百年，天福号依然长盛不衰，如一颗熠熠闪烁的明星，璀璨在岁月的夜空。

王子丰因病开药店

清乾隆十年，在京城做水果生意的张家口小伙王子丰突然病倒在床上，这一病就是半年多。王子丰是三年前从口外来北京闯荡、做水果买卖的。初来乍到，由于本钱小，只能从贩子那里批发一点水果，什么桃子、梨、枇杷、杏等，市场上有啥水果，他都批发一些，然后走街串巷叫卖。等赚到一点钱后，他就在天桥最热闹的地方摆一个水果摊，生意是日益红火。王子丰通过走街串巷叫卖积累了一些经验，对京城市民什么季节喜欢吃什么水果，什么时间啥样的水果更受欢迎都了如指掌，所以经营水果摊也就得心应手。他想：如此下去，三年五载，就可以在北京把生意做大。正当他的生意日渐红火的时候，没想到突然患一场大病。头几天他强撑着出摊，而后渐渐体力不支，就一头病倒在床上。妻子四处求医为他看病，无暇顾及水果摊，家中堆放的水果烂的烂、扔的扔，生意自然维持不下去了。

王子丰几个月不出摊，引起了那些老客户的牵挂。其中一位叫吴霭廷的老客户，由于好久没看到王子丰出摊卖水果，便打听到他租住的房子找上门来。吴霭廷是皇帝身边的御医，一年到头在皇宫里为皇帝、大臣们看病保健，这几年吃的水果，都是从王子丰水果摊上买的。王子丰卖给他的水果新鲜不说，而且价格合理、服务热情，往往临走还特意再搭一点别的水果，说是让他尝个鲜。平时王子丰对每位顾客都一样热情，走时笑脸相送，却很少打听人家是干啥的。这次吴霭廷走进王子丰的房间，一看方知王子丰患上重病，于是埋怨道："你这人，得了病也不跟我说一声？难道不知道我会看病吗？让你遭这份罪！"

"我哪儿知道你会看病呀！"王子丰有气无力地说。

"实话告诉你,我每天在宫中专为万岁爷看病。"吴霭廷说。

"啊,你是御医!早知道找你看病了,白花了那么多冤枉钱。"

"甭说过去了的事儿。来,让我看看!"吴霭廷说着抓住王子丰的手腕把起脉来,过了一会儿,又让他伸出舌头,看着那厚厚发黑的舌苔说:"事不大,就是血热。"

"为啥总不见好?"

"是那些医生没能看准你的病。我在宫廷几十年,什么难缠的病没看过,一般的病甭想瞒过我的眼睛。"

"我这病到底咋啦?"

"是血热,没有得到正确治疗,引起并发症,所以越吃药越不好。"

"那咋办呢?"王子丰问。

"不碍事,你再把舌头伸出来。"吴霭廷说。

王子丰又伸出发黑的舌头。吴霭廷从腰间取出一枚钢针,在他的舌头上刺了一下,顿时流出许多紫血。而后又开了一个药方说:"按方抓药,用不了几天,你的病就会好的。"

三天后,王子丰果然能下床走路了。后吴霭廷来看王子丰,王子丰真是感激不尽,说了一马车的感谢话。说着说着,王子丰扯到抓药的事:"药铺老板心真黑,那些草药,都是些野草草,车轮草、枸杞子根、凤凰根……在我们口外遍野都是,不要钱也没有人采。这不,我病了几个月吃的药多是那些草根根,一包药下来要不少钱两。要是早知道那些草根根还能卖钱,我也搞个药店。"

吴霭廷笑了:"我来正是和你商量这事,你在生意场上有经验,我在看病开药上没说的。王府井有一家千芝堂药店想转让,我想把它盘下来,正好你病也痊愈了,我想请你去打理这个药店。"吴霭廷说罢,目光注视着王子丰。

当时,王子丰一心想的是如何把天桥的水果摊位重新支起来。听吴霭廷这么一说,他忐忑不安地道:"刚才的话我是信口开河,真要干,我心里没底呢。"

"不难,不难,与你平时做水果生意一样。卖药是一本万利,你当掌柜,我付给你北京城最高的工钱,请放心,绝对比你卖水果赚钱!"

吴霭廷一番话说动了王子丰,一是他的病是吴霭廷治好的,他应该知恩图报;二来他已经没有资金再独立做事了,于是就点头答应了。

吴霭廷盘下王府井千芝堂药店,将其改名为"琪卉堂"。由王子丰担任掌柜,负责打理药店。王子丰精明能干,里里外外应酬得游刃有余,生意做的风生水起。王子丰做生意的精明之处,在于他对那些有钱的富人是热情有加,彬彬有礼、服务周到,甚至和他们交朋友,一旦顾客家里有病人,他会抽出时间,拿点礼品前去看望;而穷人前来抓药,则能减免的减免,无钱也照样给药,就当做善事。再者就是他坚持亲自收购加工药材,王子丰将口外自己家乡的人们动员起来上山采药,用极为便宜的价格买回来,然后加工出售,利润十分丰厚,并不断扩大药品种类。经过几年时间,琪卉堂发展很快、声誉鹊起。

2003年白塔寺药店130周年庆典

对于王子丰的经营管理,吴霭廷甚为满意。王子丰也从中分到自己应得的报酬,日子逐渐好转。王子丰为吴霭廷做事,常常怀着一颗感恩之心,加上他在生意场上的精明,所以把药店生意做得很有起色。不过,时间久了,两人在生意上难免会出现一些摩擦,闹些不愉快。两人矛盾的激化发生在1900年(庚子年)。当时,全国各地闹义和团,八国联军进攻北京，慈禧老佛爷置京城数十万百姓于不顾，连夜逃往西安躲难去了。"庚子事变"把京城人平静的生活一下子搅乱了，世道不太平，人心不稳，人们纷纷紧收银根，京城许多药店或关门或倒闭，店主们尽量把现有的银钱存起来，以备不时之需。而王子丰却在这个时候，大量地收购那些倒闭药店里的贵重药材，然后贮存起来。吴霭廷坚决反对，他认为兵荒马乱，这样做有很大的风险。

王子丰却认为现在收购这些药材，以待局势稳定后再抛出去，可以赚很多钱。吴霭廷却不这样认为，他想：战乱频仍，天灾人祸不断，社会稳定不知要等到什么时候，那么多精明的商家都把店盘出去了，不就是害怕到时候弄得分文没有？人家都在给自己找退路，王子丰这样蛮干，不啻是断了"琪卉堂"的后路，万万做不得啊！那天晚上，他把王子丰叫到王府井大街的润丰茶馆，本来两人喝茶想放松一下。喝着说着，话题自然又扯到王子丰买贵重药材的事。吴霭廷明确表示他不同意王子丰这种做法，认为这样做无疑会把"琪卉堂"逼上绝路。

王子丰却不这么看，他阐明自己的观点："做生意本来就是利和险共存，正好趁人家药店倒闭，我们以便宜价格收回，以后天下太平，可是一本万利啊！"

"不过，我还是不同意那样干，风险太大，宁肯少赚钱，也要稳扎稳打。"吴霭廷说，"再说，我们的生意本来已经很好。这兵荒马乱的，什么时候局势才能稳定下来呢？"吴霭廷再次亮明自己的看法。

"可是，我已经同几家药店谈好价格了，明天上门收购他们的药材。"王子丰还想极力争取。

"就说，我们资金不够，让他们另谋出路。"

"那……好吧。"

俩人谈话不欢而散，王子丰蓦然觉得自己是寄人篱下，毕竟吴霭廷是老板，自己心中有苦不能言，只能言听计从，别无选择，于是他停止了继续收购。同时想到，几年来自己曾为"琪卉堂"立下汗马功劳，也算是回报了当初那份知遇之恩。一年后，局势逐渐稳定，那些低价购进的药材着实狠赚了一把。吴霭廷这才知道自己当时犯了一个大错，从心眼里佩服王子丰的远见。一次，两人在一起喝茶，吴霭廷委婉地承认了自己决策上的失误，并向王子丰道歉。然而一切为时已晚，王子丰去意已决。到了年底，药店账目结算完毕，王子丰正式提出离职。吴霭廷再三挽留，甚至提出给王子丰股份，而王子丰还是毅然决然地离开了"琪卉堂"。

1918年春，王子丰筹资在崇文门附近开了一家"大和堂"药店，经营药店对此时的王子丰来说可谓是轻车熟路，生意越做越大。从那时起，"琪卉堂"和"大和堂"便成了京城药店行业的两大药店和竞争对手。王子丰在以后的几年里，陆续开设了虎坊桥、东四、阜成门白塔寺、前门大街四个药店。"琪卉堂"药店则在王子丰走后，高薪聘请了一位叫吴受臣的掌柜打理药店，生意也做得顺风顺水，相继在珠市口、阜成门几个地方开设了分店。吴霭廷和王子丰从合作走向激烈的竞争，大大促进了两家药店的发展，推动了当时京城整个药店行业的迅速崛起。

白塔寺药店的中药饮片精品店

1942年，"琪卉堂"和"大和堂"双双被垄断大资本家收购。解放后实行公私合营，发展成为国有企业，称为北京市药材分公司白塔寺第二门市部，即现在的白塔寺药店。1956年公私合营后，一家一户的小规模合营药房成为统一的国营药房,北京市药材分公司随后也成立了东、西、南城批发部,单一购进渠道形成。

今日的白塔寺药店

1973年北京实行行业管理,成立西城区药品管理处,整合了市药材公司西城批发部和西城药店的业务。1992年根据西城区对商贸公司转轨变型的要求,建立了实体型的北京西城医药总公司,白塔寺药店是其下属26家医药经营公司之一。2001年1月,白塔寺药店随北京西城医药总公司改制为股份制企业。

董连元报恩谢舅父

清道光十年（1830年），山东省章丘市旧军镇孟子后裔、山东周村恒祥布店的掌柜孟毓溪，因为做生意经营有道，挣了不少钱，便连开三家分号，京城的谦祥益正是其中一家。孰料，生意在京城刚刚站稳脚跟，孟毓溪的身体便每况愈下，眼看自己膝下无子，老婆尚为年轻，恐怕生意会受到影响，于是经常为此日夜叹息。

这一切被他的外甥董连元看在眼里，便前去安慰。董连元是孟毓溪远房姐姐的儿子，15岁辍学后，来到这儿当学徒已有多年，表现非常优秀。董连元言谈话语、待人行事落落大方，平时勤奋好学，善于助人，心地善良，店伙计谁有难处找到他，总是热心出谋划策，帮助排忧解难，深得大家敬重。孟毓溪发现其处事明决，于是常常指点他学习些经营之道。董连元天资聪颖，常能举一反三，触类旁通，在舅父艰难之时，不时出些主意、想个办法，助其摆脱困境。

有一年，孟毓溪看到自己的进项日增，就找到董连元问道："今后咱们的生意应该向何处发展？"

董连元说道："河北郑州可行。"他的回答正中孟毓溪下怀。他想到，如今自己的身体每况愈下，无法继续经营谦祥益了。如果要将生意传下去，董连元是最好的接班人。一天，他强撑着疲惫的身体，将董连元喊到身边："自你来店至今，一直生意兴隆，财源茂盛，事业一新，本利俱增，恒祥今日之盛，全赖你的才智。"

董连元谦谢道："舅父过奖，愚甥愧不敢当。"

"可惜舅父身体不济，唯一的遗憾便是未有子嗣，眼看偌大家业无人继承，我去后有何颜面去面对孟家列祖列宗……"孟毓溪说到这里忍不住恸哭起来，身体止不住剧烈地抖动，连声咳嗽。董连元见状，连忙扶住舅父，跟着悲痛起来："舅父，多年来我和布店结下不解之缘，倘若舅父病去布店关门，也将是我一生最遗憾的事，你可一定要保重身体呀！"

"从今以后，你来担任谦祥益经理吧！"孟毓溪沉重地说道。

听完这儿，董连元连忙跪下："孩儿多年来全赖舅父照顾，唯有做牛做马回报，不敢奢求大任……"

"我意已决，从此恒祥布店的北京谦祥益号就交给你了。"孟毓溪郑重其事地说，"一定不能给我孟家丢脸！"

位于廊坊头条的谦祥益（摄于 1900 年前后）

不久，孟毓溪便驾鹤西去。董连元当上经理之后，工作兢兢业业，时刻将舅父生前的话记在心上，这份信任让他下定决心：要把谦祥益做出样子！舅妈冯氏自从丈夫去世以后，整日以泪洗面，视董连元如同亲人，哭着对他说："先夫遗嘱提到我家三个商号，只有北京谦祥益为生财之源,董某如能治理,嗣后必有大发迹"。

董连元含泪而答:"我兄弟数人均受恩于东家,太太如用,愿肝脑涂地誓死相报。"董连元回京后,与同仁堂乐印川结为至交,在乐引荐下得识亲王,助冯氏顺利过继孟家族人孟继笰为子嗣,使得舅父家业后继有人,香火得以延续。

那时的京城,布业市场竞争十分激烈,"八大祥"通过各种手段招徕顾客。董连元上任以后,本着品种齐全、货真价实、服务热情的理念慢慢打开市场。不过他和一般商号不同,立下了很多自己的规矩。由于孟家生意全权交给自己负责,自由支配的权力很大,他凭借手中雄厚的资本,放开手脚大胆尝试。凡是开设分店,他必须先买一片地盖上房子,然后开业,这样可以避免房东挟制。无论经营多么艰难,他都脚踏实地稳步发展,绝不肯向银行贷款,去盲目扩大生产。虽然这样在竞争中一时会处于劣势,但当时局动荡银根紧缩物价暴跌时,同行们因银行催索欠款,不得不削价抛售存货归还银行的贷款,往往对自己的品牌造成极大的损害,谦祥益却从未因此受到过影响。进货方面,他直接从洋行订货和外地工厂进货。谦祥益以军阀、官僚、资本家为主要服务对象,故对绸缎、呢绒、皮货等高档商品力求精全,而布匹尤以推销洋货为主。为了保证质量,他坚持与同业往来时全以现款交易。过去绸布业买货一般惯例是延迟付款,而谦祥益则是街面进货、当即付款,因此内局批发和工厂贪图现款交易,有好花色都先给谦祥益送去。依靠这几个措施,谦祥益发展速度越来越快,很快成为布业行当靠前的字号。

谦祥益旧址被列入北京市文物保护单位

赢得市场以后，谦祥益在北京很快受到同行和报纸的关注，董连元担心，其他同行可能会联起手来与自己竞争，于是他接着又打出几张王牌。一般绸布行业惯例卖货放尺，十尺以内富裕一二寸，十尺以上最多不过五六寸而已。而谦祥益放尺，是十尺以内"加一放尺"，如果是十尺以上则只放一尺略多，不再逐一递加。通过这种促销手段，得以扩大销售。那时报纸是京城贵族的时尚用品，他发现后立即在当时的《晨报》做广告，邀请记者为自己撰写稿件，从而收到很好的宣传效果。

同行为了挤垮谦祥益，纷纷降价销售。对此，董连元的做法是，在保持高档货稳定的情况下，用谦祥益的低端大路货削价出售，与同行业争夺市场，甚至赔钱也卖。因为大路货牌子明，便于顾客比较，吸引了很多普通百姓，误以为这几种布料便宜，其他商品必然便宜。

其中最厉害的一招，就是商品密码标价。谦祥益每天都要派人到各同行业店家了解销售价钱，或买回商品以便比较，采取相应对策。为保正自己商品标价的秘密，防止同业探知，特使用两套暗码交替标用。商店考虑到有人喜欢送厚礼，就将标价提高增加一二倍，达到顾客花的钱虽少，送礼却有面子的目的，结果既多做了生意，还得到了顾客的满意。

在这一系列措施下，谦祥益以前门外东月墙店为基础，从最初的品种单一、以经营土布为主，发展到后来经营品种丰富，达一千五百种左右。谦祥益主要经营有各种呢绒、毛料、被面；花古香缎、花织锦缎；丝绸服装、镶边褥面、杭罗杭纺、花素丝绒；各色线绨、各色软缎、化纤织品等等。为满足少数民族同胞的特殊需要，谦祥益还经营民族特需布料，如"云锦""克力缎""库缎""金宝地"等。

董连元担任经理后，做事坚持原则、公私分明。其舅母逢人就夸赞董连元："没有外甥，就没有谦祥益！"

谦祥益的资本愈加雄厚，生意亦日见扩，门面则高楼矗立、金碧辉煌，流水账日售万八千元。每遇来货之期，全铺伙计均须忙乱多日，点验挑检、剪毛装架，均须安置停当。1894年，董连元在前门外珠市口开设分号"益和祥"。后来，又相继在济南、青岛、烟台、天津、汉口、上海、杭州、苏州等大中城市开办分号多达24家，每开设一分号，即投资白银四万两，足见其实力之强。其分号一时遍布大江南北，形成了一个较为完备、强大的"谦祥益"经营体系。

2008年谦祥益新店开业

从"德聚全"到"全聚德"

清道光十四年（1834年），直隶（今河北省）发生了一场特大的洪涝灾害，大片良田被水淹没，数十万间房屋被洪水冲毁，上百万灾民流离失所，不少灾民就近流落北京，希望能混口饭吃保全性命。在这批灾民当中，有一位特别聪明的小伙子，名叫杨全仁。他初到北京时先给人家做伙计，但他不甘心一辈子打杂，稍微积攒了些钱后，就开始学着别人做点小买卖。

在北京前门肉类市场，杨全仁凭着自己吃苦耐劳的品质与灵活的脑瓜，以贩卖鸡鸭为生，很快立住了脚跟。后来生意越做越大，钱就像滚雪球一样越滚越多，杨全仁开始了新的思考：自己不能一辈子摆摊吧，每天风吹日晒雨淋的，应该去做更大的买卖。此时，前门外一个名叫"德聚全"的干果铺店，引起了他的注意。德聚全干果铺店主要经销花生、核桃、瓜子等一些干货，由于经营不善，加上连年灾荒，造成生意清淡，境遇越来越差，几乎到了关门谢客的地步。清同治三年（1864年），德聚全苦熬硬撑，举步维艰，不仅入不敷出，而且还欠下一屁股债务。杨全仁觉得这是自己收购它的绝好机会：这德聚全店铺要往外转让，凭借自己积累的钱财，完全可以将它盘下由自己经营。

于是，杨全仁卖光了所存下的鸡鸭禽类，经过一番讨价还价，终于将德聚全店铺盘下。之后，他并不继续经营干果脯，而是选择经营自己最为熟悉的鸡鸭等食品类的饭店生意。尽管很多人对于他的选择议论纷纷，持怀疑态度，但他仍是坚持自己的决定。那时候做生意颇有讲究，新店开业之前一定要找个风水先生看一看，择个黄道吉日开业，看看店里风水如何，如何才能聚财守业。杨全仁也不例外，他花了相当一笔钱，托人找来了北京城赫赫有名的风水先生前来店里查看仔细。风水先生到这里一看，赞不绝口，连连惊呼："这是一块难得的风水宝地！"

杨全仁心里暗暗琢磨："不对啊，如果是风水宝地，为何之前的德聚全干果铺生意萧条呢?"不过他并没有提出疑问，而是继续倾听先生的高见。"这块宝地前面的两条胡同，就是两根轿杆子，这个店铺就好比人抬的轿子，先生正是坐轿人啊！你在这里做任何生意，都会越走路越宽，越过越富有！"风水先生沉思了一下继而说道，"不过，这座楼太矮小了，要是拆掉盖上新楼，就是一顶八抬大轿啊！"

风水先生说的头头是道，令杨全仁异常高兴。他马上请教风水先生还有什么好的方法，才能聚集更多的风水。风水先生捋了捋胡子，颔首微笑道："这店铺在你盘下之前一向不走运，是因为店名不顺。如果你把'德聚全'三个字颠倒过来，一定会彻底扫清晦气、很快走上发展坦途。'德聚全'倒过来就是'全聚德'，恰巧你杨全仁的名字里面有个'全'字，上应天意，下合人心。"杨全仁听罢不禁大喜，当即命人买来鞭炮，备上笔墨纸砚，请秀才题写了"全聚德"三个大字。在一阵"噼里啪啦"的鞭炮声和阵阵喝彩声里，全聚德的生意热热闹闹地开张了。

全聚德老匾，现藏于全聚德展览馆

刚开始两年，全聚德的生意只是不冷不热，勉强维持。原来全聚德主营产品是烤鸭，京城从明朝就有吃烤鸭的习惯，但是当时最有名的是便宜坊。便宜坊顾名思义就是方便宜人，历史悠久，已经做了数百年，根深蒂固，枝繁叶茂。新兴的全聚德，如何才能赢得自己的一席之地呢？为此，杨全仁愁眉紧锁，寝食难安。

望着便宜坊烤鸭店门前顾客排成的两条长龙，杨全仁既羡慕，又嫉妒，内心五味杂陈。那么便宜坊的魅力究竟在哪里呢？他决定走近它，从中找到其成功的秘诀。他让人买来便宜坊的烤鸭，自己反复琢磨。便宜坊烤鸭最大的特点就是焖炉烤鸭，炉子里没有火，火来自炉子外面，烤到一定温度，就把外面的柴禾撤下去，然后把鸭子放进炉膛内，利用炉子的余热把鸭子焖熟，出来的鸭子外焦里嫩，肉酥爽口。而杨全仁有点毛手毛脚，技艺不精，自然做出的烤鸭比人家略逊一筹。

京城是个藏龙卧虎的地方，各方面的能人都有，杨全仁几乎寻遍了京城一流的厨子，希望能找到其他烤鸭方法。这时候有人告诉他，有位叫孙铁杆的师傅烤的鸭子特别好吃。孙铁杆本是宫中御膳房烤乳猪的名厨，因政局不稳离开宫廷。出宫以后，他在一家小餐馆做大厨，一次意外，做出了别有风味的烤鸭。有一次他为客人烤乳猪，刚做好的坯子被野猫啃了，气得他暴跳如雷。猪坯子没有了，看炉子里空间较多，就顺手放进两只鸭子，没想到烤出来的鸭子比乳猪还香。杨全仁得知此事，便找到孙铁杆，天天请他喝酒吃饭，不断送些礼物，几番软磨硬泡，终于让孙铁杆看到他的诚心，便到了全聚德店里担任烤鸭大厨。

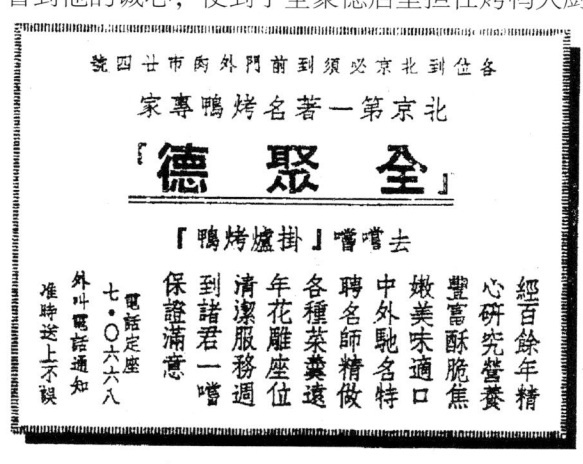

1950 年 11 月 1 日全聚德刊登的广告

孙铁杆烤乳猪的方法叫挂炉烤，炉子里有火，火苗上来后，却不在鸭子身上走，而是烤一块炉内壁铁板，铁板热了以后把鸭子炙熟。孙铁杆挂炉烤鸭不烧普通的木头，而是烧枣木，枣木质地坚硬，燃烧火苗特别旺，不但耐烧，而且有一股奇异的香味，能附在肉上面，闻起来香味直扑鼻子。再看色泽，枣红色的鸭子，让人看着就食欲大增，馋涎欲滴。

孙铁杆的到来对全聚德来说是命运的转折，"挂炉烤鸭"的招牌打出来之后，吸引了京城很多食客。大家一吃，发现挂炉烤鸭和焖炉烤鸭的味道迥然不同，焖炉烤鸭主要特点是肉酥；而挂炉烤鸭最大的特点是皮脆，吃起来津津有味、令人回味悠长。两者各具特色、各有所长，都得到京城食客的喜爱。

1954年3月，全聚德第三代烤鸭大师张文藻赴苏联莫斯科传授烤鸭技艺

当然，饭店除了要有一位好厨子以外，还要有一个重要的角色，那就是"堂头"。堂头也就是现在的大堂经理。那时候北京的堂头，不但要能认出所有食客的身份，还要了解每个人的喜好，包括喝什么茶、坐哪个方位的桌都要一清二楚。

这位堂头往自己店门前一站，很多有头有脸的食客路过，看到他都十分熟悉。堂头见到熟人就打招呼,三言两语就把人带进店里去了。客人进去之后,他知道怎么伺候人家,安排端上人家喜欢喝的茶、乐于品的酒,不用吩咐,所有需要都一一送上桌来,更重要的是,如果哪天客人吃出什么问题,他也能随机应变,化险为夷。正因为全聚德烤鸭质量上乘,且有一位能察言观色的好堂头,所以生意日渐红火,整日宾客盈门,杨全仁也因此成为名满京城的大老板。

偶得羊头创名吃

关于名吃"羊头马"的由来,要从180多年前那个冬天说起。

清道光年间的一个冬天,天气十分严寒,滴水成冰。京城的回族人马纪元在冷清的街道上徘徊,单薄的棉衣似乎难以抵挡逼人的寒气,整个身子在不停地发抖。他猫着腰,两只手相互插进袖筒里取暖,一会儿跺脚,一会儿用双手捂一下耳朵。他之所以不愿回到温暖的家,是因为想找点活干,有活干就能赚点钱,然后买米买面,去填补一家老小的肚子。

他突然听到有人在喊:"喂,伙计,想挣点钱不?"

循声望去,是街口一家肉铺的掌柜在向他招呼。

马纪元急忙应承着,一路小跑过去。肉铺掌柜把马纪元带到店铺的后院,几辆大车停在那里,车上装着很多活羊活牛。一辆大车前,有五六个人正忙着从车上朝地面驱赶着那些羊和牛。不知道是这些畜生认生,还是天太冷的缘故,那些羊和牛无论怎样任人驱赶就是不肯下车。人们只好七手八脚地把它们从车上往下拽,虽是天寒地冻,伙计们个个都是累得满头大汗、气喘吁吁。

掌柜指着院子里忙活的伙计对马纪元说:"帮着把牛羊都弄进棚子里,完了给你几吊钱。"

马纪元二话没说,脱掉外衣卷起袖子就加入了赶羊驱牛的行列。一时间肉铺的后院羊叫牛吼,人声鼎沸,热闹非凡。

天渐渐黑了下来,那些牛羊被他们赶进了棚子,不再折腾了。马纪元拿起外衣,穿在已经被汗水湿透的内衣上,拖着沉重的脚步,夹在伙计们中间排队领工钱。

掌柜把几吊钱放在马纪元的手里的同时，拍了拍他的肩膀说："这是你的工钱，你干的不错，肯出力，是个实在人，以后铺里再运牛羊，你就过来帮忙！"马纪元赶忙点头称是。

掌柜扭头指指不远处的柜台旁边摆放的一大盘牛羊肉的下脚料说："去，再去领点脚料，算是给你奖励。肉别多拿了，那些是要卖的。羊头可以多拿点，没什么人要。"

马纪元怀揣着工钱，手里提着一点肉和几个羊头回到家。那点羊肉放在锅里一煮，很快就被全家人吃个一干二净，唯独那几个羊头不知道该怎么做，仍放在一边。

望着羊头，马纪元心里突然冒出一个模糊的想法。几天过去了，他的耳畔不时回响起肉店掌柜的话："羊头可以多拿点，没什么人要。"

此后，马纪元就开始留心街上一些加工熟食的店铺，观察他们对肉怎样加工，如何操作。渐渐地他从汉人、满人祭祀时用白水煮肉中得到启发，回到家里照着人家的方法，把羊头用水煮后，加盐，配上点佐料，用以下饭。

起初，羊头肉的味道并不理想。于是马纪元在别人的指点下，主动去请教一位满族老街坊。老街坊须发皆白，肚子里有很多经验，以往街上有什么难题，很多人都喜欢向他请教。听完马纪元的来意，老人哈哈一笑，接下来给他讲了这样一个故事。

原来，清朝皇上打天下的时候，由于各方面条件不具备，就经常吃那些白水煮熟的肉，什么佐料也不放，味道甘甜。后来入关得了天下，为了让臣子们不忘过去，每年都要做几次白水煮肉，君臣一道品尝。白水煮肉在战争年代还蛮有味道，吃着也香。到了和平年代，山珍海味不断，白水煮出的肉一点味道也没有，实在难以下咽。但是，在皇上面前又不能不吃，还要把分给自己的肉全部吃完。于是，大臣们就自己悄悄制作了很多调料带在身上，藏在袍袖中，吃白肉时偷偷在袍袖里蘸着吃，这样原来没味道的白水肉也变得津津有味了。

听完老人讲的故事，马纪元深受启发，开始在白煮肉上做文章。凭借着与羊肉铺掌柜熟络的关系，马纪元以极低的价格收购一些羊头，然后又买来很多调料。有时候把佐料和羊头直接放在一起煮,有时调制好的佐料浇到羊头肉上,有的配好佐料,用羊头肉蘸着吃……经过无数次反复实验,马纪元终于找到了最满意的吃法。

第七代传人马国义展示片肉绝技

简简单单的白水羊头肉,里面倾注着他无数次的劳作和智慧,特别是浇在肉上的调料,更是倾注马纪元全部心血。邻居们每次从他家门口路过,都能闻到各种奇异的香味,因为马纪元几乎把街上所有能看到的调料全都买回家,每天都跟这些调料生活在一起。马纪元一门心思投入到羊头制作上,经过不断摸索,他都快成了厨子。每当邻居打听马纪元在做什么,妻子总是说:"老马快要疯啦,弄得家里天天吃各种味道的羊头。"

后来,马纪元就每天挑着两个箩筐走街串巷卖起了羊头肉。只见他在一张洁白的纸上摆放好用刀片切出的非常薄的羊头肉片,在肉上撒上自制的椒盐调料,包好后递到食客面前,一股清香扑鼻而来,吃起来真是香辣麻脆、回味无穷。

马纪元是一位有心人,在制作羊头肉时,除了配置调料,从操持羊头到煮肉的火候,再到用刀切肉,怎样才能使人们吃着方便,他都颇费一番心思。

通过几年的探索,他积累了这方面的很多经验,制作的羊头肉命名为"羊头马"。首先是在羊头的挑选上非常讲究,时间选在秋末到初春之间。当年北京的羊大多是来自河北张家口外的大尾巴羊,经过一个夏天,羊吃的都是口外刺儿山上的丰茂水草,喝的是玉泉山的水,才能腥膻尽退,膘肥体壮。

在制作时,将羊头处理干净后,一个一个对好,围着大锅一层一层地码放,行话叫做"盘锅"。为了让香料都渗透到羊头里,又不会失去羊肉的风味,马纪元将羊头先用水大滚之后,再用小火焖。因为羊头在外面存放的时间一长就风化,味道就不纯正。每天只卖二十个羊头,多一个也不卖。

随着马纪元的白水羊头问世,很多人紧随其后跟风似的制作羊头,但是无论别人怎么做,都吃不出马纪元制作的羊头肉味道。据说,老马家有一道密不外传的陈年老汤,另外就是他有一个特殊的容器——羊角。马纪元的主要配料是把大盐和丁香、花椒等佐料放在锅里炒得焦黄,又碾得精细后,装入一个羊角制成的容器里,因为放在羊角里不容易受潮跑味。

羊头马传统装椒盐的牛角及片好的羊头肉

为了让白水羊头肉独占鳌头,马纪元每天都要亲自到"汤锅"(屠宰场)选白毛的羊头,羊的年龄都不超过两岁。选料回来,再拾掇干净。

褪羊头毛的时候，先是拿开水泡，再燎毛，燎不掉的就用叉子叉起来放在火上烤；然后就是刷，刷的时候更仔细，鼻子耳朵都得来回十几遍地刷。特别是"抹头"那块儿，更要认真地刷，因为屠宰的时候肯定会沾上泥土。由于注重这些细节，所以马纪元做的羊头肉新鲜、光亮，能把人的馋虫一下子钩出来。后来马纪元的羊头肉供不应求，每天只卖二十个的原则不得不有所改变，增加到四十个羊头。

白水羊头以其选料精细、涮洗干净、佐料独特、刀工细腻、大刀薄片、味道醇厚且口感奇佳而名满京华。由于马纪元终于摸索到了一套独特的加工羊头的方法，所以多年以后这种简单的以清水煮制羊头的加工方法被称为"白水羊头"，并成为闻名京城的风味小吃，"羊头马"的称号随之流传开来。

"羊头马"家族的太高祖马纪元成为家族经营白水羊头的"第一人"。他不仅将制作羊头和老汤的技艺传承了下来，还将造就羊头马长盛不衰的经营理念传承下去。羊头马后经高祖马启承、曾高祖马熙、太祖父马重义、祖父马元凤再到马玉昆，前后一百八十余年。

一碗羊肉汤换回一条性命

光绪八年（1882年），四十八岁的慈禧太后突然患上了一种"怪病"，不仅浑身懒散犯困，而且茶饭不思，恶心呕吐，众多太医皆束手无策。

看到皇额娘久治不愈，光绪皇帝就颁下一道密诏，暗令各省举荐名医进宫为皇太后诊治。然而，虽然纷至沓来的名医大显身手，但都不能诊出慈禧太后的"病情"。

正当光绪皇帝一筹莫展之际，直隶总督李鸿章举荐无锡名医薛福辰前来为慈禧太后把脉问诊。没想到这薛福辰妙手回春，很快查出了慈禧太后的病情，竟然开出了一个奇特的药方——让慈禧太后喝羊肉汤。

光绪皇帝听说薛福辰要用羊肉汤为皇额娘治病，认为这根本不是什么中药，很不高兴，便派人把薛福辰请过来责问。原来羊肉汤膻味较重，一般贵族女眷碍于身份，不轻易食用。慈禧太后身份更不一般，皇宫内的补品繁多，怎能屈尊去喝什么羊肉汤？

看到光绪皇帝龙颜大怒，薛福辰镇定自若回答道："皇太后生病日久，身体虚弱，皇宫内的珍贵补品药效太猛，而羊肉汤比较温和，更为有效。况且，臣推荐的羊肉汤并不是一般的羊肉汤。"

听到这儿，光绪皇帝好奇心上来了："什么地方不一般？"

"臣推荐的羊肉汤，是户部街外的月盛斋生产的养生羊肉汤。这味羊肉汤加了砂仁与白蔻两味中药，具有调理脾胃之功效，作为一种补药但并不猛烈，必能汤到病除。"薛福辰无比自信地答道。

月盛斋是回族人马庆瑞于清乾隆四十年（1775年）创办的，该店位于天安门前的户部街（今天安门广场），距清朝太医院仅200米。因其所处的独特的地理位置，消费群体大多是宫廷内侍及衙署官吏。更重要的是，马家老铺后院是太医们常来常往的聊天场所。马家与太医们关系密切，交情笃厚。当时经常光顾马家后院的太医，名气较大的有全顺、忠勖、张仲元、戴家瑜、施焕、杜润庠、姚宝生等十余位。月盛斋在食品制作过程中不断得到太医们的点拨，在食品中间添加了一些具有滋阴壮阳、调经理气、和脾健胃的中药，因此他家的食品与众不同。在太医云集马家老院后院这段时期，便是马家祖传制肉秘方得以逐步完善之时。经过几代人的努力，马家的羊肉在太医们的指导下，不断尝试，不断完善，最终制作成功。这种羊肉汤不但味道鲜美，而且养颜健脾，对胃病治疗也颇有奇效。薛福辰推荐给慈禧太后的便是月盛斋伙计用祖传秘方熬制的羊肉汤。

《都门杂咏》书影

尝遍了山珍海味的慈禧太后此时胃口不佳，当她吃到这别具风味的羊肉汤和羊肉面时，顿觉新鲜爽口、食欲大增。慈禧太后的面色越来越红润，气色越来越好，不久身体痊愈，神清气爽。此后，慈禧太后隔三岔五就差遣小李子去月盛斋购买各种食品，有时候买来的五香酱羊肉还分给一些讨好她的小太监和小宫女。有一次，李鸿章进京看望慈禧太后，太后特意赠送一斤羊肉，以示恩惠。

就这样过了两年，慈禧太后要过五十岁大寿了。时逢冬日严寒，为了让更多人吃到养生羊肉，慈禧恩准特赐月盛斋四道腰牌，让掌柜和厨子以及挑夫全到宫廷御膳房帮忙。

月盛斋的马掌柜五十余岁，忽然接到这个天大的好消息，激动得一连几天彻夜难眠。作为一个做小生意的买卖人，他无论如何也想不到自己有幸碰到这样的好差事。慈禧皇太后深居宫中，见她一面犹如见到天颜。更何况这四枚腰牌，只有慈禧最亲近最信赖的人才能得到，有了它可以在宫内来去自如，看来自己前世积了八辈子的德，才有如今这样的福气。

为了准备好这场寿宴，每隔一日，月盛斋的马掌柜便亲自引领厨子挑夫，送酱肉到御膳房。

寿宴这天，摆满了各种山珍海味，看得人眼花缭乱。马掌柜和众多太监下人一起站在下面。

慈禧太后喜欢听戏、听故事，所以每上一道菜，下面的人都要围绕着菜讲述一个生动的故事。很快轮到月盛斋的酱羊肉，慈禧忽然想到了什么，轻声问道："听说马掌柜也来了，月盛斋的故事就让老马来讲吧！"

正在紧张着的马掌柜一时没反应过来，自己做菜哪想到会有这一出，怎么讲故事啊！直到旁边有人暗暗踩他一脚，他才心惊胆颤地跪安。

可是，他忽然嘴巴哆嗦起来，不知道说什么才好。不过一连多天在宫内，见过的场面也不少，他逐渐稳定了情绪，思考了一下，对众人说："我要讲一个羊肉换房子的故事。"

羊肉换房子听起来就很稀奇，其他的故事都是菜品的来历，只有月盛斋却是一个地地道道的故事，慈禧的胃口也被调了起来。

"话说咸丰年间，我家先人由于生意好，租了一个姓金的大房子，没想到这个房子没花一分钱。"马掌柜这个故事曾经在外面讲了很多遍，说起自己熟悉的东西，紧张感已经完全消失。参加寿宴的都是有身份的大人物,很少听过这样的小故事,不禁发问:"为什么呢?"

马掌柜声音洪亮,情绪饱满,节奏把握得也很好:"我家羊肉香味四溢,每到上元节,这户部街外飘满了羊肉味道,街头俗语:'户部街闻香观灯',其中这'闻香'一词说的就是我家羊肉的酱香。"

这时候有人不住点头,"户部街闻香观灯"这句话大都早有耳闻,只是不知道原来它和月盛斋有关。

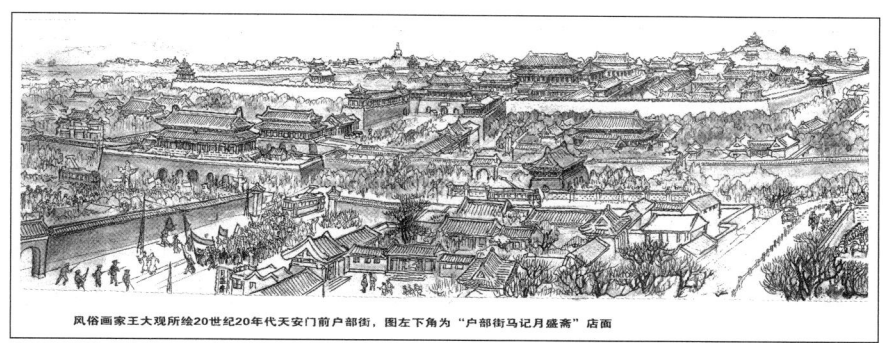

风俗画家王大观所绘20世纪20年代天安门前户部街,图左下角为"户部街马记月盛斋"店面

王大观所绘户部街图

"这香味不同于别的肉香,它富含多种养生药材,气味浓郁扑鼻,荡漾肺腑。很快我家房主金先生忍受不住,买了一块秘制酱羊肉品尝,没想到这一发不可收拾,此后,他竟然一日三餐都离不开酱羊肉,若是断了一顿就觉得浑身无力,打不起精神。"

"这和换房子有什么关系?"慈禧太后问道。

"启禀太后,小人下面就要说这个缘由了。就这样一连过了三年,金先生不断在我家赊账,到结账的那一天,忽然发现欠下一笔巨款,金先生因无力还钱,无奈之下,只好将租给我家的房子抵押还债!"

"啊!"慈禧吃了一惊,然后打趣道,"这个金先生倒是个可爱的人。哀家如今也离不了你家的羊肉了!"

这个故事博得众人喝彩,众人纷纷拿起筷子细细品尝月盛斋食品,个个赞不绝口,不住地点头。慈禧过寿心情舒畅,居然还赐给马掌柜一个末座。马掌柜诚惶诚恐,内心激动不已,心情格外舒坦,一不小心就多喝了两口酒,做事也没有前几天小心了。

然而正是他这一不谨慎,竟然闯下一个弥天大祸来。

原来，宴会之后，慈禧太后起驾去颐和园听戏，文武百官皆随同前往，月盛斋马掌柜也跟了过去。

当时天比较寒冷，马掌柜酒喝多了兴致勃勃，休息期间他四处乱窜，不断同人打招呼，甚至从袖子里摸出一根烟袋抽起烟来。这一抽不当紧，他竟然靠着一棵老树睡着了，烟锅落在枯叶上，引燃了一场大火。管事的太监发现火情立即组织众人扑火。

听到众人大喊："救火！"马掌柜一下子酒醒过来。虽然没造成多大损失，但在太后过寿之时失火想必大不吉利，他不禁惊出一身冷汗。这时，几位太监将他五花大绑准备送入天牢。

按照大清律法，马掌柜的行为属于大逆不道，按律当斩，且诛灭九族。

马掌柜后悔不跌，痛悔自己不该粗心大意闯下大祸。

就在这时，太监李莲英打这儿路过，马掌柜连声呼救。李莲英以前经常秘密为太后到月盛斋买羊肉，马掌柜平时没少给他好处，两个人的关系还算不错。

李莲英听到呼救声，走近一看，被绑的人是马掌柜，于是细问缘由。他念及马掌柜是个忠厚老实之人，对自己还算孝敬，就盼咐人先把马掌柜扣下，暂缓入狱，然后赶忙去太后面前求情。

李莲英外号"佛见嘉"，最拿手的本事是给女人梳头，他不但身材俊美，而且懂得养生之道，所以深得慈禧太后宠爱。他又是一个聪明之人，先是夸太后胸怀博大，又赞马掌柜老实忠厚，再说马家酱羊肉能长命百岁。经过一番说辞，逗得太后心花怒放。

正当她正开怀大笑，忽听下人前来禀报，说马掌柜吸烟睡着时烟锅误燃了枯叶发生火灾。慈禧刚接受了李莲英拍的马屁，正以自己心胸宽广而自豪，想到这时候马掌柜犯了事，也不便处罚。

这时，李莲英一旁帮腔，一面说寿宴杀人不吉利，另一方面说大火有吉庆之意，这些说辞恰恰暗合慈禧内心。

慈禧太后听到禀报不置可否，脱口而出道："办了他，我吃什么？"只见她右手轻轻一摆，即刻免除马掌柜的罪行。

受此惊吓,惊魂未定的马掌柜顿觉得宫中处处暗藏凶险,不可久居。虽然李莲英等人百般挽留,表示不会再追究他的责任,但他还是招呼伙计悄悄离开宫中,回到月盛斋做起小本生意。

户部街马记月盛斋第六代传人马国琦

虽然虚惊一场,但马掌柜觉得都是烟酒惹的祸,从此便把烟酒戒了,直到终年都是滴酒不沾,没有吸过一袋烟。

大和恒的"栗子面"窝头

光绪庚子年间（1900年），八国联军入侵北京时，慈禧太后带着一千余人仓皇逃往西安。途径山西大同，有一天疲惫不堪，饥饿难忍，她就叫人去找吃的。太监到处搜寻，有当地一姓韩的农民，献上了热腾腾的窝头。慈禧几口便把窝头吃完连声说好吃，并问这是什么面的窝头，农民答"栗子面的窝头"。

慈禧从西安回到北京，有一天又想起窝窝头，就让御膳房给她做栗子面窝头吃，御厨不敢违命，便把栗子晒干、磨面，费了九牛二虎之力，谁知栗子面根本蒸不成窝头。急的御厨嘴上都起了泡。后来御厨把玉米面用细箩筛过，加上白糖、桂花做成窝头，慈禧只吃了一口便扔下了，并且说："味儿不对。"见慈禧不满意，御厨们急得团团转。大伙儿知道慈禧老佛爷可是尝遍了人世间的珍馐美味，绝对算得上是全国数一数二的美食家，她说"味儿不对"，大家就绝对过不了关。

正当众人无计可施的时候，大太监李莲英灵机一动，想起了当年逃难途中的事儿。他命人带上重礼，骑快马，赶奔山西大同向当地献窝头的农民讨教。山西老农见朝廷来人不敢不说，便一五一十的说出其中的奥秘，来人听了如梦方醒。

原来这"栗子面的窝头"一点栗子也没有，它是用糜子米、黄豆按比例加工而成的，从选料到出面要经过十三道工序，全部是手工操作，靠的是一台碾子、一盘磨、一个筛子、一个箩，由于选料讲究，配方独特，加工精细，用这种面蒸出来的窝头"微黄鲜亮，松暄爽利，不粘不散，有如栗子的香味"，故而叫"栗子面的窝头"。

御膳房按照配方如法炮制，蒸出来的窝头满屋子都是栗子香味，慈禧吃了龙颜大悦,从此"栗子面的窝头"变成了一道宫廷小吃。您知道这献出配方的韩姓农民是谁吗?他就是日后红遍北京四九城的大和恒粮行总经理韩辅臣。

大和恒创始人董事长齐如山先生

数年后,几经变化的韩辅臣来到了北京,经人介绍认识了当时的社会名流齐如山,并被齐如山聘为大和恒粮行的第一任总经理。韩辅臣出生于1870年,祖居山东,出身粮食世家,懂经营,善管理,办店有方,擅长粮食加工。对外,他把顾客奉为上帝,以德经商,讲的是"货真价实、足斤足两、童叟无欺",因此,赢得了大批的回头客。对内,不论伙计还是学徒,韩辅臣一视同仁,对他们既严格要求,又关爱有加,因此,大家都愿意跟着他拼命的干。

当年大和恒的粮食,以品种多,质量好,价格合理著称。当然在众多的粮食中,最受老百姓欢迎的,也让韩辅臣感到自豪的,还是大和恒前店后厂、自产自销的窝头面。当年北京城有一千多家粮店,老百姓唯独喜欢大和恒的窝头面。

大和恒的窝头面分两种,一种叫"小米面",另一种叫"三条腿玉米面"。所谓"小米面"就是用糜子米和黄豆加工而成的上等窝头面，因蒸出的窝头有栗子的香味，又称其为"栗子面"，它是被慈禧点了头的，其味美自不必说。"小米面"虽好，但价格贵，穷人吃不起。

坐落在前门外珠市口西大街的大和恒，地处南城，穷人多，于是韩辅臣又在"小米面"的基础上，加入了白玉米，研制出"三条腿玉米面"。所谓"三条腿玉米面"，其实就是用白玉米、糜子米和黄豆加工而成的优质窝头面。当年卖苦力、拉洋车、蹬三轮的平民百姓，平时只吃棒子面（玉米面）窝头，有时挣钱多一点，也想改善生活，就绕着道跑到大和恒买"杂合面"，也就是"三条腿玉米面"，蒸出的窝头好吃，价格也比"小米面"便宜多了。

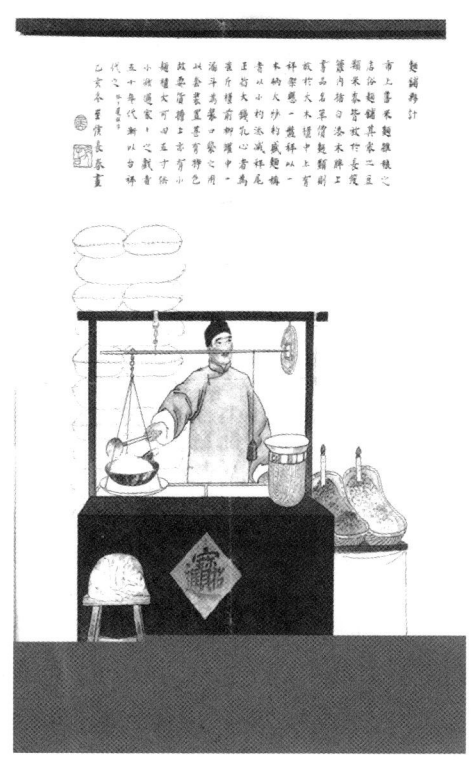

大和恒热情迎客

1915年至1925年，韩辅臣在大和恒掌门十年。后来他把这两个产品的加工技艺传授给儿子韩星久，自此告老还乡。韩星久是大和恒"小米面"、"三条腿玉米面"第二代传人,也是大和恒第二任经理。后来,韩星久在继承传统的基础上不断改进,使"小米面"和"三条腿玉米面"名头更响。到了 20 世纪 40 年代,"小米面"和"三条腿玉米面"已成了大和恒的代名词,北平四九城家喻户晓,妇孺皆知。

2008 年大和恒在粉房琉璃街 160-10 号重张开业

北京是六朝古都,有 3000 余年的建城史,800 多年的建都史,也积淀了丰厚的文化内涵。北京人讲究吃,一日三餐自然离不开粮食,北京这座古老的城市在它悠悠的岁月中孕育了丰富的粮食文化,可以说"小米面"和"三条腿玉米面"的诞生,就是北京粮食文化中的一枝奇葩。

(本文作者为白少川)

豆腐脑白"得匾"

清光绪年间，18岁的白玉山与白成山、白德山两位堂兄，共同从父辈们那里接过了传承几辈子的豆腐脑生意。

在兄弟三人当中，白玉山最为勤快，他最早跟随父亲出摊卖豆腐脑，从中学到不少经营技巧。每天早晨四点，他和父亲一同起床推磨，把豆子磨成豆浆，然后做成豆腐脑。日子久了，耳濡目染，父亲制作豆腐脑的各项技艺一点一滴不断深入他的内心。加之白玉山聪明伶俐、勤奋好学，很快掌握了制作豆脑的整个流程与技巧，并且越来越熟练。

经过无数次尝试，白玉山做的豆腐脑不老不嫩，恰到好处，而且符合各类食客的口味。他家的卤料由羊肉片加口蘑组成，再兑上酱油和团粉，工艺越来越精致，味道越来越鲜美。十斤豆瓣，他可以做出一百五十碗豆脑。由于他独立经营，又能亲自下手做豆腐脑，所以他的名气越来越大，开始成为兄弟三人中的佼佼者。白玉山的豆腐脑摊前，每天吸引着众多食客前来一饱口福，食客中间不乏名流巨贾，也有一两位奇人异客。

一天傍晚时分，白玉山正要收摊，忽然走过来一位身穿长袍马褂的老者。这位老者年过花甲，但精神矍铄，眉宇间透露出一股儒雅之气，举止得体、穿戴整齐。最引人注目的是，其下巴上一缕胡子丝毫不乱，修剪得整整齐齐。与那些光顾豆腐脑店的达官显贵相比，这位老者相貌气质十分出众，就连随从也都个个精干，无论是相貌还是打扮都超乎常人。

那时，白玉山的豆腐脑生意兴旺，整天门庭若市，摊前座无虚席，甚至有很多顾客手捧大碗站着喝豆腐脑。可是这位老者一落座立马吸引

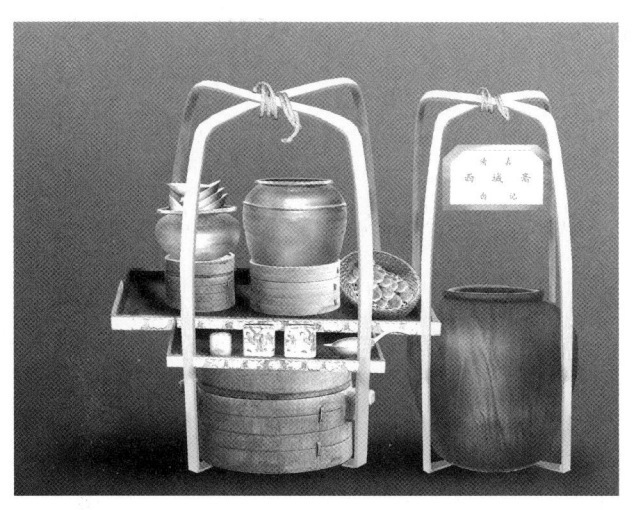
解放前豆腐脑白卖货的挑子

了众人注目,竟然纷纷回避,无人敢与之同席。老者只是轻轻环视了一下四周,微微一笑:"给我来碗正宗的豆腐脑!"

见他这样说,白玉山连忙掀开铁锅盖,端起黑瓷小碗,拿起铲子几下子就盛了一碗,然后迅速地浇上卤料,整个流程一气呵成。他将盛满豆腐脑的碗端送到老者面前问道:"烧饼来几个?"

"都有什么烧饼?"老者没有正面回答,反而问起了烧饼的种类。

对此,白玉山并不感到意外,随口答道:"这位爷,看来您是个好食家。来我这里喝豆腐脑的,都要吃两个烧饼才觉得过瘾。别人家卖豆腐脑都是自己做烧饼,我家的烧饼为了保证质量,选的全是北京人气最旺、名气最大的烧饼,在菜市口出摊就以'铁吧'烧饼为主,在门框胡同多用'协和玉'家的烧饼,到了天桥摆摊就用'爆肚石'烧饼……今天您讨巧,我家的烧饼种类齐全,请问你要几个?"

"怎么豆腐脑配烧饼还有这么多讲究?这些烧饼到底有何区别?"

"您听我慢慢道来,这些烧饼因地而变。在菜市口居住的多是读书人,吃烧饼讲究的是经济实惠,小麦粉的香味接近天然,深得他们喜爱,而且这个烧饼芝麻较多,烤熟后香味浓郁;到了天桥,多是外地客商,或者是各类爱凑热闹的游客,身上带的银子足,逛累了一个烧饼足以解乏,所以烧饼更为高档……"

"且慢，我先问你一下，你为何不自己做烧饼，这样岂不是省下很多钱吗？"老者听得很满意，不禁捋了捋胡子。这时候很多人发现他似乎在有意考问白玉山。

"自家做烧饼确实可以省下很多钱，但是同时也会耗费很多精力，这样我就不能保证豆腐脑的质量了。"白玉山应对自如，不慌不忙地说到。

"那你从这么多地方批发烧饼，需要人力物力，势必会抬高烧饼价格，这样岂不是增加食客的负担，影响到了你的生意吗？"老者步步紧逼。

"确实如此，我早就考虑到了这个问题，所以我买来的烧饼还是按照市场价格卖出；我买的量多，店家自然会多赠我一些烧饼，这些赠品卖出后岂不是相当于盈利了？虽说利润微薄，但生意人不能只考虑赚钱，烧饼虽不怎么赚钱，但是我的豆腐脑生意却越卖越火，而且赚下了好口碑，这才是最大的收获呀！"白玉山口齿伶俐、娓娓道来。从老者不断颔首赞许的神情，可以看出他完全被白玉山折服了。

果然，老者语气舒缓了许多，面带微笑看着白玉山："那就每种烧饼各来一个吧，我要分别品尝。"

不大一会，老者很快吃完了三个烧饼，喝完两碗豆腐脑，并从随从手中接过手绢擦了擦嘴，边掏钱边问道："白掌柜的豆腐脑果然名不虚传呀！不但东西好，老板口才也不简单，真是有些埋没人才呀！"

白玉山连忙回答："您老客气，吃好啦？"

老者不紧不慢地回答："白掌柜尊号怎么称呼？"

白玉山连忙说："您客气，哪里称得上尊号，就是名字，我叫白玉山，玉是玉石的玉，山是大山的山。"

老者右手捋了一下胡子，依然慢条斯理地说："白掌柜好名字呀！玉字和白字相配，已经很好了；白玉是玉里最好的料。如果再配上个山字，那真的是不得了的，好啊！哎，不知白掌柜有没有号呀？"

白玉山听到这儿就把两只手在围裙上擦了擦，笑了："我们是做小买卖的，没上过什么学，有名字就行了，还要什么号啊！"

"那我就冒昧地送白掌柜一个号,就叫'印玺'吧。"他站起来笑着说,看了看白玉山疑惑不解的脸继续说道:"白玉成山,玉不琢不成器,山大的一块好玉,就只能做'印玺'最配呀。"

白玉山听罢忙着感谢,这个人也不答话,笑笑扬长而去。不多时,只见街头冒出来一顶轿子,老者抬脚进去便被轿夫们架走了。这一切就像提前排练好似的,好像那顶轿子早就等在那里了。而他的随从们也脚步飞快,很快一起消失在街的尽头。看到这神秘的一幕,其他食客纷纷长出了一口气,议论开了。这个人走后,摊位四周甚至连空气也似乎流畅了许多。白玉山手脚麻利地收起桌上的钱,根本没功夫多想,又开始忙起手中的活了。一连数日过去了,这件事也就渐渐被人们所淡忘。

到了月底,白玉山依旧在摊位上忙碌,突然过来两个人,他们手中抬了一块不大的匾,走到白玉山摊位前说:"白掌柜,这是我们爷送您的。"说罢,两人将匾立在靠墙的桌上转身要走。

白玉山赶忙上前拦住:"哎,二位先别忙,你们爷是哪位呀?这匾是怎么个说道哇?您要说不明白,这么贵重的东西我可不能要。"

这两个抬匾的人说:"这匾上写的字是'印玺',我们爷说您听了这两字心里就明白了,至于我们爷是谁,我们只能告诉您,他是位贵人!别的您就别打听了,我们爷不让说。"这两人说完话就挤出人群,急匆匆地走了。

这时候很多食客都围在匾旁,边观看边议论纷纷。

有的说:"这是哪位贵人呀?"有的说:"嘿,看这匾的边还镶着金花的图案呢!""这不会是王爷吧?""我看可能是个贝勒或是个贝子什么的。要不,不能叫贵人。"

大家你一言我一语争论不休,一旁的白玉山已经从刚才的惊讶中缓过神来,他心里暗想:不管是王爷还是贝子,他们不认识咱,能送重礼都是因为咱们家的东西好,今后得更加好好地做活才是正理呀。

从此以后白玉山在制作豆腐脑时更是精益求精,他也更加重视用料质量,无论黄豆、石膏、淀粉,还是口蘑、酱油、羊肉,他一一检验后,根据质量确定供货商并登记在案。这份用料标准成为以后白家豆腐脑制作一贯的用货标准。白玉山还通过多年实践，形成一套完整的点豆腐脑和做卤的技艺，并使之固定化、规范化，以此来保证白家豆腐脑的风味、口感和品质的一致性。

门框胡同豆腐脑白牌匾

民国初年，在前门外大栅栏的门框胡同内，白玉山和儿子白文清设立了"豆腐脑白"的固定摊位，从此，"豆腐脑白"的名号更是享誉京城。

年糕钱与他的"秀才"粉丝

清光绪年间,北京的牛街住着一户钱姓人家钱启承。钱启承在牛街以卖烧馍馍为主的面食小吃为生。烧馍馍就是现在人们常吃的油酥烧饼。油酥烧饼有甜的也有咸的,卖年糕只是铺助的食品。在京城,钱启承一家人的日子倒也过得去。当时,下一代人到了开始独立生活、养家糊口的年龄时,多是子承父业。钱启承的六个孩子中有四个孩子做着老辈人的事业,以卖烧馍馍为主业。

到了民国,老五钱宝文成家立业,他不愿意和几个弟兄们做同样的买卖,想另辟蹊径。他便想继承父亲的辅助食品——卖年糕。

钱宝文在父亲那里学到一些做年糕的技术,又在原料的加工花样上下了功夫。年糕的做法其实也很简单,原料是江米,中间夹多层的豆沙馅,顶层铺青丝和红丝,味道香甜。那个时候,做小买卖的都没有太多的本钱,多是推着车子或者挑着担子沿街叫卖。每天天不亮,钱宝文就起床制作年糕。天刚刚发亮,年糕就已经做好了。太阳刚刚从东方露出笑脸,钱宝文已经推着车子出发了,从牛街推到石景山,一路走一路吆喝着叫卖。生意倒是很好,每天的年糕走到石景山就卖完了。这一路的人们都喜欢吃他做的年糕。特别是老年人和孩童们。因为老年人牙口不好,年糕不用太大力咀嚼,而且味道香甜醇厚,吃着也过瘾。

在缺吃少穿的年代,孩童们可吃的东西没有今天这样丰富多彩。他的年糕小推车一路走过,那一条条本来还很寂静的街道,因为他的到来,像一条潺缓的河流流过,一下子热闹起来,充满着生气。这样一来,人们习惯了每天早晨吃钱宝文做的年糕,就作为早饭打发了。孩子

年糕钱第三代传人钱德才（80年代初）

们喜欢那个独到的味道，不管大人有没有钱，一听到钱宝文的吆喝声，肚子里的馋虫就被钩了出来，缠着大人要吃年糕。更有许多孩子牵着大人的手早早等在街口，等着钱宝文的小推车。

钱宝文基本上是踏着点来的，一路走一路吆喝："热切糕哇，真热哇！"

只要他的吆喝声一响起，很快，小推车跟前就围上一群爱吃年糕的人们。钱宝文做生意童叟无欺，从来不短斤少两，宁肯多给，也不能占客户便宜。他还有着同情心，遇到只看不买的穷人，就慷慨地切上一块年糕给他们吃。这样一来二去，钱宝文也落下个好名声，大家都说他是个心地善良的生意人。人们都愿意买他的年糕吃，生意自然就好做了。

却说石景山的文山胡同里，住着一位姓郭的读书人，用今天的话说，他是钱宝文年糕的一个忠实"粉丝"。

郭书生平时大门不迈，二门不出，一心只读圣贤书，两耳不闻窗外事。那天，他正埋头看书，耳边响彻一声破竹裂帛的吆喝声："热年糕哇！"这一声唤叫令郭书生心情为之一震。他就想看看谁人竟有这么嘹亮的声音，像舞台上武生的一声吼。他走出院子，看到推年糕车的钱宝文，毫不犹豫地买了一块年糕，自言自语道："掌柜的，就凭你这一声吆喝，我都要买你一块年糕。"

钱宝文笑了道："你要是卖年糕，说不准吆喝的比我还嘹亮。"

"为啥？"

"天天都吆喝，还不练出个好嗓门？"

"你说的也是那个理，不过就这一声吆喝，听出来您不是个一般的掌柜。"

郭书生的话刚落音，就有几个人夸赞钱宝文好善乐施，有的穷人不用花钱，每天都可以吃上钱掌柜的年糕。郭书生听了后，点头赞许。

郭书生自从吃上钱宝文的年糕，此后就再也没有落过趟，每天的早饭必是钱宝文的年糕。若一天吃不到钱宝文的年糕，便一天吃饭不香，睡觉不香。钱宝文的年糕软绵、香甜，余味悠长，吃过后，甜香味道在嘴里久久不去，袅袅娜娜像一缕缓缓升上天空的炊烟，诗意一般的缠绵悠长。吃着钱宝文的年糕，郭书生的记忆力比之前大有长进。不是年糕有啥特殊的东西，而是吃了钱宝文的年糕，他的心情就非常好，读书写文章能很快进入状态。

1994年民族画报刊登介绍年糕钱的文章

一年冬天，钱宝文得了重感冒，发烧，浑身疼痛，实在无法出来做生意，窝在家里好几天。对郭书生来说，那几天可以说是度日如年，他两个早上几乎水米不进。家人为他想方设法做的早餐，他连看也不看。书也看不进去，文章也作不下去，他像是得了一场大病，瘦了几斤。北京虽常有钟爱吃食的各类"奇人"，但像郭书生这样痴迷的，真的是前无古人后无来者！

时间长了，郭书生和钱宝文也就相互熟悉了。他每天早晨在院子里拿上一本书，边读边等着钱宝文的吆喝声。只要一听到吆喝，他的身体就仿佛注入了活力。不等他走出胡同，钱宝文早已经把他的那份年糕切好了，而他将准备好的零钱往钱宝文的小推车上一放，拿着年糕就离开。俩人不用多言语，就能彼此放心和信任。

一次人少的时候，钱宝文半开玩笑地说："我这买卖甭说别的，就为了你这位大秀才的痴情，我都要做到底，每天都值得推着车子到这儿走上一遭啊！"

郭书生说："嗨，我不就是好这一口嘛，人啊，有的喜欢上赌场，有的喜欢逛窑子，有的喜欢吸毒，有的喜欢唱戏，我不就是喜欢吃年糕嘛。"

"看来我们兄弟有缘"，钱宝文说。

"有缘千里来相会，我能吃你这么多年糕，是我的福气啊！"

一个春天的早晨，郭书生踱着悠闲的步履，边走边吃年糕。吃完年糕，他在院子里散步，回味着年糕的余味，心里面升腾着一股幸福的感觉。此刻空气清爽，阳光初洒，微风熏醉，鸟语花香。这一切都使他的幸福感有增无减。郭书生到底是读书人，此时此刻，蓦然来了灵感，自言自语道："若不作诗一首，空辜负了眼前这美好时光。"他往前走了几步做思考状，又想起了钱宝文嘹亮的唤叫声。好人就应该让世人知道，得到赞颂；有好吃食就得名声远扬。郭书生稍一思忖，紧紧往前走了几步，一首诗吟了出来："年年富裕向高攀，糕寄祝福情万千。钱记蒸笼松软细，红丝枣米馅香甜。"

钱德才展示年糕钱年糕的制作技艺打馅

就这样,"年糕钱"因郭书生这首诗而得名,而且字号越叫越响!

(注:据新华网 2000 年 6 月 17 日报道:"……70 多岁的老人精神很好,他说小吃刚刚开张的时候他每天都来,现在已经开始上轨道了,他就会隔天来一次……过去,像我们家这种小吃根本就不可能有门面。家里没钱,到了能写会算的年龄就要出去赚钱养家。那时候,我就推着小车在胡同里叫卖,经常从牛街一直走到石景山。不过,那会儿人们都缺口儿,常常眼巴巴地盼着我推着车来……")

六必居老匾"两摘两挂"写传奇

老字号六必居的牌匾,因没有落款增加了不少神秘感。而关于六必居老匾"两摘两挂"的故事,则要从1900年的庚子事变说起——

六必居的牌匾

1900年八国联军攻进北京,一时间这个繁荣的古都变成了火场。5月20日从大栅栏的老德记药房烧起一把大火,紧接着著名的观音寺、大栅栏、粮食店等店铺也没能幸免,大火一连烧了好多天,六必居自然也是在劫难逃。当时大栅栏商业区所有店铺的东家、伙计纷纷离店,以伙计张夺标为首的几个人,冒着生命危险将六必居的金字牌匾从火海中抢救下来,转藏到了临汾会馆。

大火熄灭后,一片狼藉,六必居烧得只剩下两间西房。掌柜将员工们纷纷遣散,只留下了一个人和一条狗看摊,这个人就是霍凌云。第二年霍凌云找到曾经在六必居当过伙计的孙万泰,从修缮故宫的下脚料里找了一些材料,重建店铺,挂出"六必居"的金字牌匾。东家见状万分感激,并奖励了霍凌云文银1000两,霍凌云没要。于是东家就将1000两文银作为霍凌云在六必居的干股(占总股份的十二分之一)记在账上,这也就是为何六必居股东花名册会出现霍姓的原因。而另一位护匾的小将张夺标,也因此被提拔为仓库保管兼管磨坊事物。

六必居的老账

1911年，辛亥革命失败后，军阀混战、袁世凯登基，社会十分动荡。北京城经济萧条，大街上少有行人，曾经车水马龙的大栅栏暮气沉沉。六必居再次遭受兵匪劫掠砸劫，店铺东家和人员只得又一次逃难，只有张夺标置生死于度外，依然冒险守店，不顾一切地保护园内的财产、账册，该埋的埋、该藏得藏。事后东家感念张夺标的忠诚信义，当众宣布："从现在起，六必居不再请大掌柜，张夺标就是咱六必居的大总管、大掌柜"。这样，张夺标一个踩大萝的苦力、喂牲口的马夫，在而立之年当上了誉满京师的六必居大掌柜。要知道，按照原来的规定，六必居的大掌柜是必须从账房中提拔的。

1936年，大掌柜张夺标主持六必居建店500年活动

"文化大革命"期间,六必居牌匾又遭劫难。在红卫兵破"四旧"立"四新"运动中,六必居牌匾再次被摘下,六必居门店也更名为"红旗酱菜厂门市部"。1972年中日建交后,日本前首相田中角荣访华,向周恩来总理提出想参观六必居。周总理随即指示有关部门将六必居老匾取出,重镀二两黄金,将牌匾高高悬挂在六必居店堂之中,接受了日本渍物协会的参观。后来有人说,六必居是"文化大革命"后最早挂出的一块老匾,从此北京陆续恢复了众多的老字号。

20世纪五六十年代的六必居

张一元"品茶"定乾坤

张一元的创始人张昌翼(字文卿,祖籍安徽人),于清光绪二十六年(1900年)在北京花市开办了第一家店,取名"张玉元"。清光绪三十四年(1908年),在北京城花市大街摆了十余年茶摊的"张玉元"茶庄的东家张文卿,为拓展经营业务,在距离前门大栅栏仅一步之遥的观音寺街路北新开了一个茶庄。大栅栏是当时京城最为繁华热闹的商业街之一,能在这里立住脚,代表着张玉元茶庄有着很强的实力。

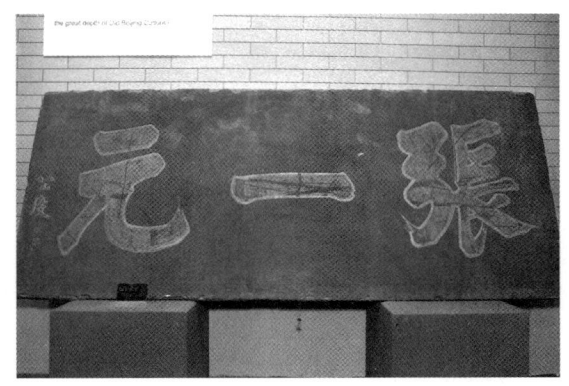

冯公度题写的张一元老匾/现收藏于首都博物馆

那时的张文卿朝气蓬勃、踌躇满志,浑身上下透着一股子干劲。在观音寺街经营茶庄,那可是他在花市大街摆茶摊时就萌生的念头。眼看着距离自己的梦想越来越近,他却变得十分谨慎与清醒。他深知观音寺虽然和大栅栏相邻,但其影响却相差甚远。眼前最重要的是如何将观音寺路店做出特色和水平,赢得消费者广泛的信赖和支持,使它能够在岁月的风雨中永远屹立。张文卿别出心裁地将原来"张玉元"字号改成"张一元","一"和"元"都有"第一"的含义,寓意"一元复始、万象更新"。他希望自己的茶庄从此能从所有茶庄中脱颖而出,独占鳌头,有一个全新的开始。

张一元大栅栏店

新开张的茶庄比原来气派,然而生意并非如张文卿所预料的那样红火,究其原因,是老北京人喝茶比较喜欢去一个固定的茶馆,各自有着熟悉的口味。为招徕顾客,张文卿先是采取很多茶铺常用的方法,将自家上等的茶叶拿出一部分免费赠送到一些酒家、旅馆、戏楼等楼堂馆所,以此宣传自家的产品。由于茶叶免费,这样可以节省一大笔广告费用,管事的也乐于宣传。随着赠送的茶叶逐渐增多,张一元的生意渐渐有了起色,可仍没有他想像中那么兴旺。那么,如何吸引、吊起顾客的口味、促使更多的顾客前来品茶、买茶呢?张掌柜不禁陷入了沉思。

当时,张一元茶庄经营的品类与其他茶庄相似,茶叶口感味道也没有什么出彩的地方,要想在激烈的茶庄市场竞争中大获全胜,必须拥有独特之处。张文卿祖籍安徽,对茶文化颇有心得。经过对茶庄市场一番调查,他惊奇地发现,虽然各家经营的名茶众多,但是做得好的几家都有着别的茶庄无法模仿的主打茶品。而张一元茶庄的名茶即使价格十分便宜也难以招来顾客。顾客买名茶一般喜欢到自己信任的店里购买。另外，自家店里最近销售最好的居然是花茶，而花茶中销量最好的又是茉莉花茶。

发现这些秘密之后，张文卿激动不已。他深知花茶制作难度较大，要将植物的花瓣和绿茶放在一起熏，茶叶具有吸香的特点，花瓣的香味被茶叶吸收后，茶叶就具有了原来没有的香味。窨制之后，将干花瓣清除干净，剩余的茶叶便可包装上市了。制茶过程中，最难的就是比例的把握，花多则茶太香而脱韵，花少则茶不香而不尽美。此外，花瓣的湿度往往也会影响花茶的质量。

既然准备将花茶作为主打产品，张文卿便拿出大量积蓄，亲自到福建、安徽等地采购上等绿茶学习窨制。他结合北京人的口味，尝试加入最好的茉莉花瓣，因地制宜地生产出了自己的特色产品：小叶花茶。这茶具有汤清、味浓、入口芳香、回味无穷等优点，很快被京城百姓认可并广为传颂。正是这款小叶花茶一下子给张一元茶庄打开了局面。张一元还在福建购置一大片山坡用于种植山茶，建造十几间房子，在那里创办茶叶生产基地。这个基地环境优美，阳光充足，生产的绿茶叶小而嫩，深受顾客欢迎。由于张文卿自己办茶厂，能够熏制特味茶叶，所以他出售的同级茶叶比从批发商手中买价钱还要便宜很多。

张一元老茶桶

很快，张一元茶庄便在前门大栅栏一带站稳脚跟，并呈现强劲上升势头。1910 年，张文卿在大栅栏街又开了第三家分号，为区别观音寺的张一元，取名为"张一元文记"。张文卿居安思危，清醒地认识到，茶庄越是发展迅速越是要小心翼翼。为了使自己的茶庄永久立于不败之地，他将自己的孩子全都送往学校读书。另外，他每天都派伙计去市场调查行情，将茶的价格摸得一清二楚。在一位朋友的建议下，他还在京城做起了公益广告，免费提供一批棉衣捐献给城内的车夫，每件棉衣上印着明显的"张一元"标志，这样随着车夫大街小巷往来穿梭，张一元茶庄逐渐声名远播。

张一元传统茶叶包

随着北方人对花茶的普遍接受，张一元茶的竞争对手不断增多。京城一下子冒出好多家生产花茶的茶庄，他们也都拥有自己的茶厂与制作基地，张一元茶庄的优势明显减弱。

一天，张文卿喊来一个新来的小伙计，给了一些钱，吩咐他去市面上，根据不同的价格，买些质量和销量最好的花茶，并叮嘱他一定要对任何人保密。小伙计疑惑不解：做茶叶生意的掌柜居然要买别人的茶叶，真是怪事？看到伙计迟疑发愣，张文卿神秘地一笑。这位小伙计忠厚老实，看到东家对自己这么重视，便把东家安排购买的一些茶叶的质量等级、价格、销售量大小等一一记录下来，并很快完成了任务。回来之后，张文卿将他喊到内室。小伙计惊讶地看到，里面坐着三位陌生人，他们见到他纷纷亲切地向他点头致意。张文卿告诉小伙计："从今以后，你不用再站柜台了，要交给你一份全新的工作，但是你千万不要对任何人说。"

原来这三名掌柜的分别是张玉元、张一元和张一元文记的当班老掌柜，他们一生与茶打交道，从不吃辛辣油腻的食物，以免破坏自己的味觉。他们都有一个神奇的技能，仅凭一条舌头就能分辨出茶叶的产地和等级。张文卿将小伙计采来的样品都用一样的碗扣上，不让别人知道是哪个铺子的，然后分别用水冲泡。三位掌柜的一一端起面前的茶杯，每喝一杯都仔细反复回味，品后，挑出哪几个茶最好，再看是哪个茶庄的，接着闻香味，看汤色，挑开叶子看叶底，再与自家茶叶相对比。对于张一元生产的花茶，凡有不足之处他们都一一记下。他们希望借此对整个制茶环节逐步完善，生产出远远超过其他店铺品质的花茶。

小伙计不断去外面一些茶庄买茶，很快引起同行的警觉，在出售茶叶时做了些手脚，掺杂一些不合格的产品。对此，张文卿不动声色，依然让小伙计前去各个茶庄购买茶叶，同时安排社会上其他人前去采样。由于同行熟悉的小伙计依然前来，所以那些店铺对其他采样者丝毫没有防范。一段时间之后，张文卿对各家店里的茶叶了如指掌，然后他集众家之所长，改正自己之所短，确保了张一元茶庄生产的茶叶质量出类拔萃，一枝独秀。

国家级非遗保护项目——张一元茉莉花茶制作技艺

为确保张一元茶庄的茶叶质量纯正、长期居于上乘，茶庄一直保持开汤盲品这一优良传统，并以老带新培训出新一代品茶师。正因为张一元茶庄始终推行品茶制度，致使其许多竞争对手不得不转行或退出茶叶经营市场。就这样，张一元茶庄每天顾客盈门、络绎不绝，生意红红火火，长盛不衰，并延续至今，成为京城声名最为显赫的茶庄。

聚顺和巴拿马获金奖

1912年2月,美国政府为了庆贺巴拿马运河即将开通,宣布1915年2月在西海岸旧金山市举办"巴拿马太平洋万国博览会"。当时中国积贫积弱,袁世凯政府需要西方力量支持自己,为了展示国内产品,他积极着手招募各省市品牌产品参加国际商会。

当时的北平,有很多企业报名,都想在国际社会露脸,为国争光。尤其是当时一些进步青年,更希望能展示国粹。北平隆景和干果铺的少东家就是其中一位。他得到这个消息后,思忖把自家的果脯送到赛场,如果拿了奖项,不但为果脯行业争了光,同时对自家的店来说也是一个活广告。

他思考成熟以后,就去和自己的父亲商量。没想到,父亲一听,眼睛一瞪,直接拒绝:"不好好坐在店里,就知道整日跑出去想歪门邪道的事!只要咱们把果脯做好了,照样有顾客!"

"爹,您那是老想法了。现在的年轻人谁不看报,看看外面的世界也蛮好。你这样会落后的。"

"哼!我看洋鬼子办这个赛会就没安好心,说是评奖,恐怕是想打探我们老祖宗的配方!"老掌柜骂道,"况且咱们这些好东西给他们评头论足,他们也配?把果脯给他们点评,这不是白白糟蹋了吗!"

少东家一听,知道父亲对洋人是有偏见,甚至有些想法很愚昧,所以才会觉得将果脯送到美国去参展是糟蹋,在他心目中只有中国人才有资格评定果脯的质量。

少东家受过西洋教育,但是也很孝顺,他知道老爹决定的事情一般不会改变。但是,他已经在几天前托人争取到了名额并且报上了名,到时不能参赛不仅失信，浪费名额还会引起政府的恼怒，会被人当作大笑话的。为此，他急得如同热锅上的蚂蚁。

看到少东家着急，店员二顺给他想了一个好办法。二顺和少东家年纪相仿，经常在一起玩耍，心灵手巧，点子多，少东家很喜欢他，给了他不少照顾，所以他也经常给少东家出主意。

他避开老掌柜悄悄对少东家说："要不咱们去找聚顺和商量一下？"少东家眼睛一亮，一拍二顺肩膀小声道：好主意！这事你找大顺去办！

瞄了眼正拨着算盘的老掌柜，少东家佯装着呵斥二顺道："街头四爷今儿的寿辰，让你送货，怎么还不快去！"二顺立刻心领神会，"这就去！"乐颠颠一路小跑着去聚顺和商量去了。

同行本是冤家，为何京城这两家叫响的干果店"聚顺和"能跟"隆景和"扯上关系呢？

大栅栏聚顺和干果店/刘鹏提供

原来，聚顺和的老板任百川是山西文水人，他刚来北京在煤市街开设干果铺时，隆景和的掌柜非常热心地帮过忙，出过不少主意。最主要的是当时做干果、果脯生意的大多是山西人，晋商做事比较团结，即便是竞争对手，也会互相帮衬，提高对手的同时对自己也是激励，这样他们才会将生意越做越大。加上任百川为人克俭、老成持重，具有晋商特有的美德，深得北平各界尤其是士绅阶层的信任，隆景和的掌柜对他也比较看好，将他当成山西人的骄傲。更重要的是，聚顺和曾经还帮过隆景和的大忙。

那是一天傍晚，隆景和来了一个做军火买卖的东北大客商，他受朋友所托要捎一些果脯带回去，就在隆景和预定了一些果脯。由于正是销售旺季，白天提货量大，掌柜的安排让小伙计忘记了。东北客商所需量大，此时库存已捉襟见肘。这下可麻烦大了！

正巧这时候，聚顺和的伙计大顺前来找二顺玩。这大顺二顺原来是亲兄弟，在当时兄弟俩不在一起上班是很正常的现象。少东家看到后，立即坐人力车跟随他们去了聚顺和，说了自己的难处。

聚顺和掌柜听完情况知道事情紧急，当下吩咐店员备好了上等货源，让大顺火速送到隆景和，从备货、赶脚儿，再到交货，到客商手中验完货，不到一个时辰，给隆景和解了急。在这之后，那少东家免不了亲自上门道谢，从此两家干果店便结下同盟友谊。

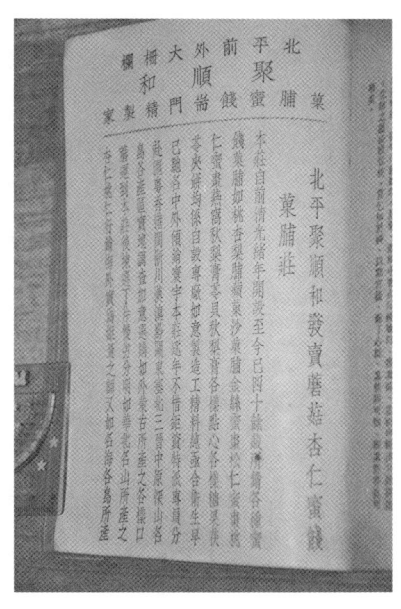

1935 年《北平旅行指南》刊载聚顺和连环画广告企业简介

隆景和的少东家抽机会亲自去了趟聚顺和，将想去参加巴拿马赛事的意思告诉了聚顺和的掌柜任百川，也叙述了自己的父亲固执不愿参赛的细节。

任百川何等明白，沉吟片刻，便答应了下来。但是他也有自己的顾虑："你父亲不让参加，虽然是用聚顺和的产品，但报名还是隆景和呀！万一穿帮，他照样会生气的。"他这一问，让少东家当即愣住了，这确实是个难题。

这时候，任百川微微一笑："我有一个好主意，你回家等信吧。"

少东家看到任百川很轻松，没有细问，带着一些疑惑离去了。

刚到家没多久，正在和父亲做生意时，忽然伙计来报：聚顺和任百川来访，想见老掌柜。

老掌柜有些疑惑，当下正是旺季，任百川不在自己的店里做生意，来找自己有什么事？虽然带着疑问，他还是将其邀请进来。

任百川一进门就说："老哥哥，我今天是来求你办事的。"

老掌柜一听，果然是有求而来，看来事情一定很紧急，他便问道："我能有什么可以帮到你呀，你有什么事尽管道来！"

任百川道："我是为巴拿马赛会一事而来。"

老掌柜一听，原来是为了这，看来是想给少东家当说客，如果真是这样，断然不能答应！可是事情出乎他的意料，任百川下面的话并非他想象中那样。

"我见报上屡屡说那巴拿马赛事，定是一件很光荣的事，这些天一直想去参加，托了很多熟人都未办成，名额一直没拿到，心急如焚呀！"

老掌柜道："此言差矣，你找我来，恐怕帮不了你，我在这方面没有什么关系。况且，就算隆景和有了名额，我也一定不去！"

听到这，任百川接道："老哥哥不去，但果脯名额确实是落在了你家，咱们生意相同，名额就不能再给我了。既然你不去，不如将名额转让给我吧。"

任百川说的情真意切，让老掌柜不忍回绝，虽然他对巴拿马的洋人评委不感兴趣，但是让聚顺和蹚蹚水还是可以的。于是他对任百川说："这事你去找孩子商量吧。"这样一来，他本以为将名额转给聚顺和就能断了少东家的念想，同时也能还聚顺和一个人情。

参加巴拿马赛事本就是少东家的愿望,所以这件事便顺理成章地促成了,虽然过程有点曲折。

隆景和少东家和任百川将聚顺和果脯一起送巴拿马会场参赛的场景,也是惊心动魄。展会从1915年2月20日开幕到12月4日闭幕,历时9个半月。在开幕式上,美国总统伍德罗·威尔逊致贺词,前总统西奥多·罗斯福等国家政要亲临助兴。当天参观者如潮,超过20万人,到中国馆参观者达8万人之多,其中包括美国总统、副总统、各部门的高级官员,以及赛会组委会的各国官员。参加巴拿马赛会,是我国历史上第一次规模空前地向世界展示自己的经济发展水平。这次赴美展品达10万余件,重1500吨,展品出自全国各地4172个出品人和单位。隆景和少东家出了国门,一下子见到那么多的洋人,大开眼界。可是,见到这么多包装精美的商品,他有些失去了底气。

赛场上,装着聚顺和果脯的坛子是绿釉的粗陶制成的,跟万绿丛中一点红的漂亮商标"台尔蒙"罐头产品和日本喜笑颜开像弥勒佛的标贴"福神渍"酱菜摆在一块,显得粗劣笨拙不说,而且土里土气。

1935年《北平旅行指南》刊载聚顺和连环画广告获奖照片

一连过了几天,都没有人光顾这些果脯,同去的官员连连摇头。这时候,少东家灵机一动打开坛子,坛子一开香味四溢,他用筷子夹起一颗蜜枣,只见这颗蜜枣晶莹剔透,遍体流光,顿时吸引来了无数洋人小姐们，他们纷纷品尝，交口称赞。这一下沸腾了，那些装果脯的陶罐拙朴的样式吸引了一些艺术家们，吃完果脯后，空罐子也被人索要一空。很快评比结果出来了，国际裁判一致认为，中国果脯除了清蕴果香外，还饱含东方食品的高雅风味，吃完之后齿颊留香，令人难忘。聚顺和果脯也因此获得了大会颁发的金质优胜奖章。

聚顺和载誉归来，获奖的消息很快登上了北京的各大报纸，引来很多朋友祝贺，当然也包括隆景和的老掌柜。

2008年9月9日聚顺和栈南货老店恢复门脸原貌

"一得阁"掌柜智斗日本商人

1937年7月7日,卢沟桥事变爆发后,日寇迅速占领整个北平,随后挑起全面侵华战争,一些民族企业也因此遭受重创、陷入举步维艰的窘境。作为中华老字号的"一得阁",不仅正常的生产受到影响,而且因受到日军层层封锁,销售渠道也被阻塞。不久,就从郑州方面传来消息:一得阁郑州分厂被日军炮火摧毁。

清末谢崧岱题字的匾额

这天,掌柜徐衡正在柜台前清点货物,忽然来了位不速之客。此人短粗矮小、三十岁左右,戴着金丝眼镜、穿着黑色西服、打着领结,是个日本人。他踱着步子店内环视一下不住地点头,嘴里说着一些"叽里咕噜"让人听不懂的话语。只见他诡秘的目光从众多店员脸上掠过,然后停在徐衡身上,径直走过去问道:"你是洁滨(徐衡字洁滨)先生吧?"徐衡犹豫了一下点头答道:"是我。"小个子日本人笑容可掬、彬彬有礼道:"战争年代,要想保住祖宗基业不容易呀!"徐衡一时捉摸不透此人来意,但是凭着生意场上多年的经验,在这兵荒马乱社会动荡的年月,所打交道的除了文人墨客以外,便是流氓兵痞。无论遇到什么人,他自有一套应对的办法。

眼前这位日本人葫芦里究竟卖的什么药?徐掌柜一时找不出答案。不过,小个子日本人说的话确实有道理,自从北平沦陷之后,生活物资匮乏,连平民出行都要受到限制,说不定哪天为战火所及,这传承多年的老字号"一得阁"就会瞬间消失。见徐掌柜沉默不语,小个子日本人自称端木,是位商人,久闻一得阁制墨独树一帜,想现场参观一下生产车间,如果得不到许可的话,他愿意花大价钱买下制墨配方。

徐衡是河北深州人士,十六岁进入一得阁做学徒,执掌一得阁已有十年之久,深知这制墨配方融入几代人的心血,是一得阁生存之根本。他饱经沧桑,经历过满清和民国,亲眼目睹过日本人的凶狠残忍。端木此次前来野心勃勃,怕是窥探已久。徐掌柜微微一笑:"墨汁都一个样,我哪儿有什么配方呀?你要是看得上一得阁的产品,我可以给你便宜点。至于秘方断然是没有的。"端木见徐衡态度诚恳,神情自若,丝毫也不怀疑,一下子购买了几十罐墨汁。

民国时期一得阁的墨汁瓶

一得阁的谢账房两眼盯着端木离去的背影消失在路的尽头，仍迟迟回不过神来。过了好长一段时间，他这才转身来到徐掌柜面前小声说道："掌柜的，这人你是不是觉得面熟？"经他一提醒，徐衡的脑海立刻浮出难忘的一幕：几年前一得阁组织一场规模较大的笔会，来宾中间有一位日本书道（书法）家，一阵热烈的掌声和寒暄之后，大家开始挥毫泼墨纷纷创作。不知是谁一不小心，将一瓶墨汁碰倒在地，屋内顿时飘出一股浓烈的翰墨奇香。大家正在愕然之际，只见那位日本书道家立马冲过去虔诚地趴在地上，将鼻子凑近地面流淌的墨汁，闭着眼睛陶醉似的深深呼吸，口中大呼："美味，美味！"说罢伸出舌头舔去。大家还没反应过来，日本书道家已经是满口浓墨。众人哄笑着将他从地上拉起来，他的脸上涂画得像唱戏的黑脸包公。

　　原来，这位日本书道家酷爱中国书法达到痴迷狂热的程度，然而在日本他无缘买到如此浓郁馨香的墨汁，所以，当他遇到这样好的墨汁就如痴如醉、似傻若狂。一得阁主人见其对一得阁墨汁如此好感，事后便友好地赠送他几瓶。他依依不舍地离开一得阁，无限深情地说："一定要将此墨汁引到日本去！"

　　徐衡依稀记得那位书法家六十岁左右，也是叫端木，而今天来的这位商人年龄比其小很多，长相竟出奇地相似，也许这两人有着血缘亲情关系。按说碰到如此喜爱自己的产品，并且对书法又如此钟情的同道中人，免费赠送一些墨汁也算是一种缘分，但是出高价购买秘方事关重大，涉及到商业机密，何况中日两国正在激烈交战，日寇狼子野心、丧心病狂、荼毒生灵，万不能答应其这一要求。

　　然而，端木岂肯善罢甘休。他几乎每天都来一得阁祈求购买秘方，却一次次遭到拒绝。就这样持续了两个多月时间，他仍未死心，反而欲望更加强烈。一天，一支日军小分队突然闯进一得阁，对一得阁的生产进行全面监视。由于全店上下同心协力，不给日本人以可乘之机，端木在这里呆了数日却一无所获，最后只好撤走了士兵。同时他这个人也随之奇迹般地消失了。

　　日子不紧不慢地过着，虽然端木此后再也没有出现过，但是徐掌柜丝毫不敢放松警惕：日本人无孔不入，不达目的不会轻易放弃，一定会有更大的阴谋。这段时间内，徐掌柜潜心钻研制墨工艺，将桐油、花生油、豆油、柴油和松香燃烧后的青烟末制成云烟，写出来的字画纯黑、透亮、颗粒精细，出神入化，还创立了新的牌子"惜如金"，一时闻名遐迩，受到书画家们的交口称赞。

然而不幸的消息随即发生。一日清晨，徐掌柜一觉醒来，发现自己昨夜抄下的秘方不见了。他大惊失色，立即传来所有伙计，唯独不见谢账房。

谢崧岱著作/清代

原来，前一日他曾和谢账房一起商讨记录秘方的事。由于战火不断扩大蔓延，上辈人口授的秘方一直存放在自己肚子里，说不定哪天自己出了意外，将会导致几辈人的心血付之东流。是将秘方口传给后人，还是真实记录下来让最信任的人妥善保存？谢账房知道自己是不可能得到口传秘方的，就一味怂恿徐掌柜将秘方默写下来。谢账房说这些话时神色异常、目光闪烁不定，何曾想，他原来心怀鬼胎，早已经成了日本商人的奸细。

众人义愤填膺。所谓"家贼难防"，一得阁出了内鬼。这还是建店以来首次出现这种伤风败俗的丑事。出卖东家在那时候最被人看不起。看来谢账房也是下了决心、孤注一掷。正当众人破口大骂谢账房不仁不义时,徐掌柜摇头叹了口气:"谢账房很苦哩,这么大年纪独自养着三个傻儿子,够难过的……"

听了徐掌柜口出此言,店员们也都沉默下来。

自从秘方失窃后,一得阁的员工个个萎靡不振,只有徐掌柜心如止水,依旧做着每天的买卖。有人忍不住问徐掌柜:"出了这么大的事情,你为何一点也不心急?"

徐掌柜轻轻答道:"制墨需要一颗虔诚之心、一颗坦荡之心、一颗正义之心、一颗善良之心、一颗端正之心。谢账房虽窃取秘方献给端木,但窃不走一得阁的灵魂。制墨之时需要的是精神宁静,谢账房与端木行为不端,制出来的墨必然是臭不可闻。"

听完徐掌柜一番回答,大家点头称是,纷纷祈求上苍暗中相助,如徐掌柜所说,让日本商人制不出好墨来。

民国时期一得阁的广告

转眼之间进入腊月,一得阁迎来了销售旺季。就在大家忙于销售产品之际,一得阁店门前忽然来了一位瘸腿的乞丐,此人蓬头垢面、衣衫褴褛,眼巴巴地望着店内和进进出出的人们。这可真是奇怪,一般乞丐只会在食品店门口才会有这种表情,而这位乞丐竟然会看着墨汁店出神。这种举动,很快引起人们的注意。

宅心仁厚的徐掌柜听到情况也觉得奇怪,于是走出院子。没想到乞丐看到徐掌柜后立马扭头就走。由于腿脚不便,走起路来一瘸一拐。徐掌柜连忙命人上前将他拦住,却发现这位乞丐一直低着头不肯说话,不大一会儿竟抽噎起来。

众人追赶一个乞丐,吸引了街上行人的注意,大家纷纷围拢上来。看到乞丐由低声哭泣突然转为嚎啕大哭,人们都以为他是被人欺负了,都想探个究竟。徐掌柜弯腰一看,发现此人正是失踪已久的谢账房。尽管谢账房背叛了一得阁,但毕竟在一得阁呆了很多年,大家对他也有一定的感情。徐掌柜连忙命人将他请回店内。

原来,谢账房偷窃秘方之前就已被端木收买,一直等待机会下手。当他盗取秘方之后,便献给了端木。端木对他大加赞赏,给了他很多钱,还让他根据秘方在南方某个城市进行研制。谢账房虽然未参与过生产制作,但他毕竟在一得阁呆了大半辈子,对制墨工艺还是有所了解的,根据配方配料,料想制墨不成问题。于是他就成了端木的账房,同时负责指导监督其他员工制墨。

最初,谢账房试制出来的墨也散发着一股浓烈的翰墨香,虽然没有一得阁生产的墨纯正、透亮,但也相差无几,他认为这是操作工艺不够娴熟的缘故。接下来,端木不惜投入巨资大规模地生产。然而事与愿违,出现了咄咄怪事——辛辛苦苦制出来的墨,散发出一股恶臭的味道,闻之令人头晕目眩,致使端木损失惨重。谢账房也因此受到端木的残酷迫害,被打断双腿后残忍地扔在大街上,幸好被一好心的市民救回家中,医治数月,才养好一条腿。

养病期间,谢账房前思后想,良心备受煎熬,想到自己背叛一得阁,心中更是惭愧不安,加上自己生活没了着落,他越发怀念起徐掌柜和员工们对他的诸多好来。

听完谢账房的一番哭诉,徐掌柜深深叹了口气。其实,他早就发现谢账房被收买之事,曾多次暗示希望他回头是岸。没想到他执迷不悟、越陷越深,自己只好设了一个局,让鬼迷心窍的谢账房轻易盗走了所谓的"秘方"。谢账房听罢大惊失色:"难道秘方是假的?"

徐掌柜回答:"秘方倒是真的,配料比例也完全正确,只是其中的使用诀窍我没写在上面。一得阁之所以能延续至今,靠的是诚信经营和品质境界,不是歪门邪道呀!"

今日一得阁外景

柳泉居里唱大戏

20世纪30年代,在护国寺西街附近的柳泉居,常常会出现这样一幕:一位三十多岁、身材颀长、面带英气的青年男子,在一张八仙桌上奋笔疾书,桌上摆放着一些笔墨纸砚、茶壶和杯子等。此人口才甚好,说话声音洪亮,爱高谈阔论。每当他来到这里谈论时事,一些走卒贩夫和手工业者,就会纷纷丢下手中的活计,聚在一起听他精彩演说。

柳泉居平安里门脸照片/2005年

这位青年正是名噪一时的报人——亚光社创办人王桂宇。王桂宇靠文字为生,文笔幽默风趣,创办了《日知报》并担任主笔。为适合市井人群口味,他专门在《日知报》开设了一个栏目——《桂宇谈话》。他每日写随笔一篇,从不间断,内容涉及时事政治、家常话题,通俗平易,不避琐细,又不失其严肃认真。故事中的人物多是贩夫走卒、家庭主妇、人力车夫、厨师、庸妇、乞丐等,而且个个形象生动,深受广大读者喜爱。

王桂宇每日来此，可不是为了成为"谈话中心"，而是专为自己的报纸找话题。当时的柳泉居虽然只是一个小酒馆，但因历史悠久，牌子响亮，一直是文人墨客喜欢聚集的地方，也常有一些下层人士来此喝酒谈心。王桂宇发现这个风水宝地之后，便做出这样一个决定：如果谁能给自己讲一个好新闻故事，自己就请他喝一次酒。柳泉居老板也相当配合。于是来此喝酒的人们开始四处搜集时下发生在身边的花边新闻、奇事趣闻。王桂宇因此搜集了很多创作素材。

　　经王桂宇妙笔生花演绎的最有名的故事，莫过于《国史官让周妈》了。他用调侃、滑稽的语气再现了晚清名士王闿运辞职南归，与周妈一起向袁世凯"讨债"，委婉地道出了窃国大盗袁世凯必然灭亡的闹剧，一时间传遍大江南北、长城内外。

　　当时很多酒馆都知道王桂宇的名头，也想将其邀请过去，当做一个活招牌，但王桂宇并未答应。其中一个重要原因，那就是当时的柳泉居生意火爆，客户中间有很多落魄文人，还有一些无拘无束的老百姓，这里有他需要的新闻素材。到别的地方去恐怕难以如愿，他每次借饮酒来采访，常把一句话挂在口边："醉翁之意不在酒，在于社会新闻也！"正因为他接触的底层人士多，写出的文章多为老百姓说话，所以深受三教九流各界人士的喜欢。有一次，他在柳泉居喝酒喝到尽兴处，见到店内客人很多，就跟人开玩笑说，用刷墙的大白当牙粉用，照样可以刷牙。这自然是一种谬论，但居然有人真用大白制成牙粉出售，名字就叫"桂宇牙粉"。

　　1931年，因《桂宇谈话》的广泛影响，《日知报》发行量突破14万份，王桂宇也因此成为当时最著名的报人之一。他手里有了积蓄，便在柳泉居成立一个京剧票友会，经常邀请一些文人到这里听京剧，一些普通工人也因此有了耳福。看到柳泉居越来越热闹，成为当时市民休闲娱乐的好去处，柳泉居老板开始有了新的创意。

　　时值秋天，正是黄酒热卖的季节。有一天，柳泉居的门口忽然张贴了一则告示，说是某个周六，柳泉居要为市民带来一出《失空斩》，而且届时有很多神秘的表演者出场。一般听戏都到戏园子，在酒店开戏实在有些新奇,加上有"神秘人物"出场,好奇的人们于是争相传告,一时间柳泉居开戏的新闻轰动京城,成为所有人都热切期待的事情。

柳泉居的干炸两样

转眼之间到了周六,不但来了很多看热闹的市民,就连当时的文化名人作家老舍、书画家齐白石以及篆刻家张志渔等人,也都前来凑热闹。当时梨园界文武场面有头有脸的人物也都纷纷赶来。

随着大锣一响,好戏开场了。只见赵云、马岱、王平、马谡纷纷上场,诸葛亮也紧跟着出场。大家见这扮上妆面的诸葛亮有些眼熟,可就是想不起哪家戏班子有此人物,很多热爱戏曲的观众忍不住在台下窃窃私语,不过也只好耐心地静观剧情发展。一阵慢长锤,西皮原板:"两国交锋龙虎斗,各为其主统貔貅。管带三军要宽厚,赏罚中公平莫要自由。此去一番领兵去镇守,靠山近水把营收……"大锣又是一击,忽然有人小声说了一句:"原来是无冕之王桂宇先生呀!"这话很快在观众中间传播开了,知道内情的人议论道:"王桂宇很好这口,没事的时候就喜欢哼上几句。"更有一些人问道:"王桂宇是不是撰写《每周戏评》的那位大才子呀?"立马就有人嗤之以鼻,嘲笑他缺少见识。

看到诸葛亮是王桂宇扮演后,大家来了兴趣,纷纷开始猜测台上其他角色都是何方神圣。最受关注的自然是马谡了,梨园界人士看了看纷纷摇头,表示不认识。正在这时,有人小声嘀咕:"这个马谡越看越像作家唐友诗。"马上就有熟人站出来确认马谡就是唐友诗所扮演。这样一来，群众的猜人兴趣就提高了。柳泉居发现这个现象后，就让人猜测台上扮演者，凡是猜对的皆有黄酒奖励。

这时候司马懿开始登场了，大白脸长胡子，开腔后中气很足，有一股朗然之气。这个司马懿众人猜了很多名人，一直猜不出来，眼看就要泄气了。柳泉居的老板不禁有些着急，若是继续猜不中，观众的兴致就会减少很多。此时，一位瘦弱的年轻记者凑上前附耳过去，小声地说了个人名，兑奖的人立马给他端来一碗黄酒。这样一来，大家的好奇心更重了，纷纷围拢过去打听，当得知司马懿原来是《新京报》记者吴菊池，很多人都讶然一声：原来是他！

猜完了主角，有些人并不满足，还想继续赢酒喝，就把配角也拿出来猜。尤其是有两个频频出格、略显狂放的老兵，他们总是给《失空斩》无故加戏，甚至借戏词议论时事，两人对话时而幽默风趣、时而辛辣深刻，颇为惹人注目。到场的是各色文人，很快他们就被熟人发现了，原来他俩正是诗人张醉丐及新闻记者邵采波。

而端坐在桌子一角的老舍和齐白石聊上了天。他们这一桌除了张志渔，还有民俗学家金受申、编辑金寄水等人。他们见众人猜完了所有配角，就想猜点别的。不过他们不是为了赢酒，而是为了罚酒，猜到的可以罚全桌的人。这样一来，众人纷纷紧张。老舍做裁判，不参与答题。他们所要赌的题目也很特别——台上演员的妆面是谁设计的？

题目一出，很多人都着急了：这妆面又没写名字，哪儿有什么特点，无迹可寻，如何猜得出来？猜了半天也没猜出个头绪，众人不由将目光投向胡絜青（齐白石的女弟子），因为她是老舍的夫人，以为她和老舍提前知晓答案，可是她也叹息摇头。众人又将目光投向金受申，因为他与老舍同为满族人，而且有亲戚，平时走的很近，经常在一起聊天，说不定他提前知道答案呢？可他也同样一筹莫展。这样大家就急了，纷纷要求认输。老舍见大家实在猜不出来，只好打算公布答案。刚要开口，一旁的张志渔笑了起来："我猜是戏曲作家景孤血！"老舍一听，叹了一口气："竟被你猜了去！"张志渔忍不住得意之色，刚要开口罚酒，老舍又喊了一声："且慢！"

"为什么？"

"你只猜对了一半呀！"老舍一本正经地说道，"还有一个人没猜出来，罚酒还不能进行。"

正在这时，戏曲作家翁偶虹到这边敬酒，众人纷纷将目光盯住他。他被大家盯得不自在，问道："你们怎么这样看我？"

众人又将目光投向老舍，稍停一会，异口同声地说道："我猜是翁偶虹先生！"老舍顿时笑了，"你们几乎同时答出来，该让我如何判定呀？"

这时齐白石说："应该罚你，谁让你想这么稀奇古怪的问题？也应该罚翁先生，他此时敬酒，属于作弊。"

大家听了，纷纷开怀大笑、举杯畅饮、热烈鼓掌。

柳泉居的特色豆沙包

这时，演员们结束了演出。可是票友戏迷们怎能尽兴？忍不住纷纷登场，各自表演了一番。就这样，柳泉居一下子成了联欢演唱会。第二天，《日知报》专门为此登了一个全版，将柳泉居唱大戏、众文人齐登台、猜演员奖黄酒等热闹欢乐的场面，做了翔实而全面的报道。

成文厚的新式账簿

1935年,27岁的刘国梁兴冲冲地从家乡来到北平,在西单开设了一家成文厚分店——"显记成文厚"。这是他在父亲刘显卿的资助下,第一次独立管理一家店,他的内心不禁有些激动。年轻人都有一种冲劲和不服输的精神,之前他一直帮父亲打下手,再多的创意也无法实施。这次远离家乡,以后所有的一切都要靠自己,对于未来,他怀着美好的向往。

成文厚创始人刘国梁

成文厚初开业时,所经营的产品以通俗读物、学生用品和文具为主。刘国梁本以为只要自己的产品质量好、服务态度佳，就会顾客盈门，他甚至以为不消一年的时间自己就会赚个盆满钵丰，可以在父亲面前骄傲一把。然而严峻的现实，让他很快清醒起来。

当时的北平正普及新式教育，而成文厚所销售的旧式课本和文具与之严重脱节。这次打击让刘国梁一下子丧失锐气，变得沉默起来。

失败让他反思，开始变得理性起来。一番认真考虑后，刘国梁又从父亲手中借了几百块钱，准备继续做下去。既然是再次创业，就要弄出点特色来。刘国梁经过调查研究发现，当时北平工商业大部分使用的是旧式流水帐（即条子帐），用毛笔从右向左写。由于一年到头只有一种帐，年底核算时十分不便，使帐房先生大伤脑筋，经常被弄得束手无策。这个发现让他有些欣喜，他知道自己只要抓住机会，改变当时落后的传统条子帐，适应账簿发展新潮流，成文厚必然会引起大家的兴趣和关注。他的账房先生刘培森也同样看出了改变旧式帐的前景广阔。两人不谋而合，认为建立科学的会计制度和记账方法势在必行。

不过，光有想法还不行，建立科学会计制度和记账方法要有专业知识和一定的经验。刘国梁一方面在报纸上刊登启事，另一方面多方打听、寻找一些见过世面的新式人才。功夫不负有心人。过了两个月，他得到一条消息，北京得泉簿记学校的校长贾得泉读过洋学堂，而且刚刚编辑出版了一本叫《改良中式簿记》的书，该书第一次科学、详尽地介绍了复式记账方法和借贷式账簿的样式，书中的帐簿样式对初步掌握科学记账方法的会计人员极为适用。

刘国梁、刘培森两人欣喜若狂，当即托人联系贾得泉，拿出丰厚的酬金聘请贾得泉为顾问，与北京得泉簿记学校合作。他们参考国内外经验，一方面推出一套以科学的复式记帐法为依据的借贷式新式帐簿，另一方面借助该校培养的新式会计人才发展自己。

成文厚经营的新式帐簿全部采用日本富士纸，三色套印，虽然价格较高，但因其科学实用深受顾客们的欢迎，一时销量大增。翌年，成文厚正式向社会出售这种新式帐簿，从而打开了办公文具市场，在北平一举成名。受其影响和带动，成文厚的商品什么都好卖，什么都能卖掉，

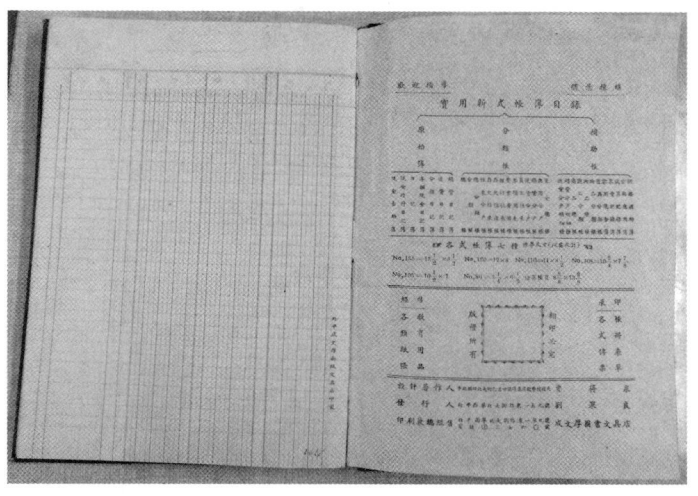

成文厚 1936 年出品的帐簿尾页

每天刚一开门，顾客就蜂拥而至，店堂内，里三层外三层都是顾客，售货员应接不暇，忙得不可开交。

每逢此时，经理就得调兵遣将，从批发部派来援兵，以缓解柜台售货缺人手的压力。一般是七八个人售货，两三个人负责拉货上货。为了保障及时供货，只好把整包装的商品码放在货架的底下，随时拆包上货，售货员总是一路小跑地拿递商品，上货的员工更是马不停蹄。

这里的售货员都可以算得上业务能手，只听得到算盘"噼啪"作响，拿货、开票、结算干净利索。有人累得连腰也直不起来，但还是强打精神，每位售货员面前都排有一溜小长队。

即便到了吃中午饭的时候，顾客也不见消减。售货员根本无法正点吃饭，为了解决中午顶班的员工吃饭问题并提高售货效率，刘国梁决定为职工准备午饭，这样既保障了职工及时用餐节省时间，又减少售货的压力，提高效率。

柜台本是售货员的阵地，但每天都被顾客挤进去好几回。后来成文厚不得不用角铁把柜台固定在地面，这才避免顾客挤进柜台现象的发生。

刘国梁接受贾得泉等人建议，发达之后不急于扩大店面，而是迅速到专利局申请专利。成文厚具有较强的版权意识和产品推广意识，在所有成文厚出品的账簿上均署上设计者和发行者的姓名，以及印有产品介绍和"版权所有，翻印必究"等内容。这样一来，成文厚账簿，很快成了消费者印象最为深刻、最值得信赖的产品。

1936年，成文厚迁至西单北大街139号。这时，它已经因为帐簿样式新、质量优、信誉高而誉满京城了。

20世纪90年代初的成文厚门市部

为了让品牌更加深入人心，经理刘国梁精心设计出象征着企业蒸蒸日上、燕飞大地图形的"燕京牌"商标。有了更详尽的发展战略，"燕京牌"各种会计用品迅速占领了我国华北、西北、东北的全部市场，逐渐成为全国著名的专营帐簿和文教用品的特色商店。

为了保持企业的信誉，新中国开国大典之日，刘国梁亲手书写了"绝对为大众服务"几个大字，并将其确立为企业的宗旨。刘国梁为建立与订货商之间的感情联络，相继推出各种宣传方案和优惠措施。比如每年都要开展订货会，各地客商们汇聚一堂，彼此交流买卖经验。每次订货会，客商需交一定的会务费，会后东道主成文厚拿出一部分资金，带着客户到景点观光旅游，这样既与商户结下了友谊、增进了感情，又疏通了业务渠道，了解掌握了市场。更重要的是，成文厚企业能根据订货的情况作出市场预判，科学地作出每年商品生产的计划安排，做到心中有数。

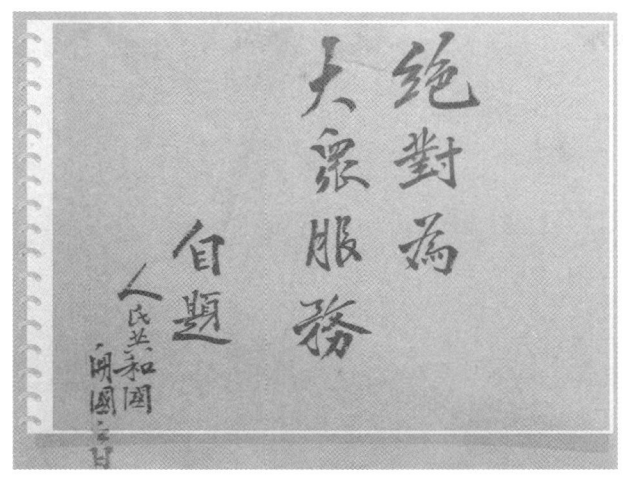

刘国梁于新中国开国之日手书明志

　　此时的成文厚企业已初具规模，买卖愈加兴隆，很快成为名噪一时、规模宏大的一家私营企业。

　　1955 年 11 月 25 日，成文厚成为北京第一批公私合营企业，刘国梁被调到市文化用品公司业务科任副科长。但成文厚的业务仍不断发展，经营品种不断增加，业务范围逐渐扩展到了长江以北的半个中国。十年动乱中，成文厚老字号被当作"四旧"予以取消，改名"北京帐簿商店"。1980 年，成文厚进行了翻建、恢复了老字号，溥杰先生为其题写了门匾"北京成文厚帐簿卡片商店"，使得成文厚的店堂更加增色。

　　2006 年，成文厚被国家商务部认定为"中华老字号"企业。

戴月轩为中南海制笔

清光绪三十一年（1905年），25岁的戴斌从老家浙江湖州来到了北京琉璃厂，在老乡贺莲青的湖笔店做伙计。这时的戴斌虽然年轻，却已经在家乡善琏镇邵家的湖笔作坊做了几年笔师，由于他为人忠厚老实、勤奋好学，邵家的主人还将女儿嫁给了他。

戴斌很快引起贺老板的注意。他学习刻苦，喜欢钻研，头脑活络，而且热情待人。别的伙计挣了钱一般都相约出去玩耍，喝个尽兴，可戴斌从不参与。他从不胡乱花钱，除了专心制作毛笔，还对市场销售感兴趣。

戴斌在贺老板的湖笔店一干就是十年，不仅在制笔工艺上积累了丰富的经验，学到不少经营之道，而且略有积蓄。他制笔技艺日渐高超，凡经他整修出的笔特别好用，书写者使用起来十分舒心。

民国五年（1916年），能力逐渐增强的戴斌决定自立门户。恰巧东琉璃厂32号有一家店面出售，于是戴斌拿出自己多年的积蓄盘下这个店面，开设了一家属于自己的湖笔店。开张之初店面没有字号，徐世昌给了他300块大洋的资助，并建议他用自己的名字作字号。戴斌字月轩，字面意思和意境都很合适，"戴月轩"应运而生。后来徐世昌为其题写了匾额，戴斌的湖笔店就挂上了"戴月轩"的牌匾。

然而，做学徒跟创业完全是两码事。戴斌开店时已经36岁，他十几岁开始在家乡学习制作毛笔，当时还是文盲，硬是靠着不服输的尽头自学了汉字和数学知识。他吃了那么多苦头，就是为了一朝拥有属于自己的湖笔店。梦想实现以后，他发现自己要操的心太多了，除了制笔卖笔，同客户打交道以外，还要管理着一帮工人和学徒。

戴月轩门脸

刚开始,他的湖笔销售并不顺利,由于是新店,所以生意很清淡。于是,他亲自带着徒弟背着毛笔、宣纸等文房四宝,前往东北和北京周边一些地区推销。为了节约成本,他每次出门都自带干粮、住在小旅店里。每到一处文具店,他都赠送样品诚恳推销,慢慢地很多人被他的诚意所打动,决定与他合作。

在这以后,为赢得广大客户的信赖,戴斌还进一步提高了湖笔质量。戴斌的家乡湖州乃毛笔之乡,生产的湖笔全国闻名。为了保证湖笔质量,他的原料均从浙江湖州购进。

作为一位商人,戴斌非常懂得诚信的价值。"戴月轩湖笔店"与当时琉璃厂众多店铺一样,是个前店后厂的小店。戴斌他对毛笔的质量要求非常严格,每次从湖州批发来的毛料和笔杆,他都要仔细检查。做好的笔头他也要重新择过。这是制笔工艺中最具技术性的环节,他对徒弟择过的笔再抽查把关,力求每支笔都能做到尖、齐、圆、健。对于质量不合格的毛笔,宁可烧掉也不出售。戴月轩的毛笔做工精细,具有"提而不散,铺下不软,笔锋尖锐,刚柔兼备"的特点,深受文人墨客的喜爱。为了打造品牌,他在毛笔杆上刻下"戴月轩"的名字。久而久之,人们只要一看到刻有"戴月轩"三个字的毛笔,就认定毛笔的质量确是上乘。"戴月轩湖笔店"从此名声大振。

戴月轩笔坊

在前店后厂的作坊中，戴斌每天与徒弟们一起干活，苦心经营。经过多年努力，戴月轩笔店终于在琉璃厂多家笔店激烈的竞争中站稳脚跟，脱颖而出。由于经营状况越来越好，戴月轩很快便在天津郭店街路北和天津劝业厂楼上各开设一家分店。

戴斌生活克勤克俭，衣着大多由其妻亲手缝制，只有长衫或马褂在外面制衣店定制。他脚上穿的黑布鞋，前头破了一个小洞，露出白色的衬里，他就用毛笔蘸点墨水轻轻一涂凑合着穿。平日里他吃的也都是粗茶淡饭。抗战后期，北京粮食十分紧张，他除了常吃窝头外，也曾吃过豆饼。平时他从不与家人外出到饭店吃饭，逢年过节，也总是在家祭祀先祖。

北平和平解放后，戴斌积极拥护政府的公私合营政策，将琉璃厂五大开间营业房交归国有，而他则以一个笔师的身份一如既往地以制作和销售湖笔为业。为了让人们了解毛笔制作的流程以及如何保证湖笔质量，戴斌在戴月轩店门口摆上案台，上面放置原料和工具，当着路人的面制作。有人询问时，他就热心讲解。

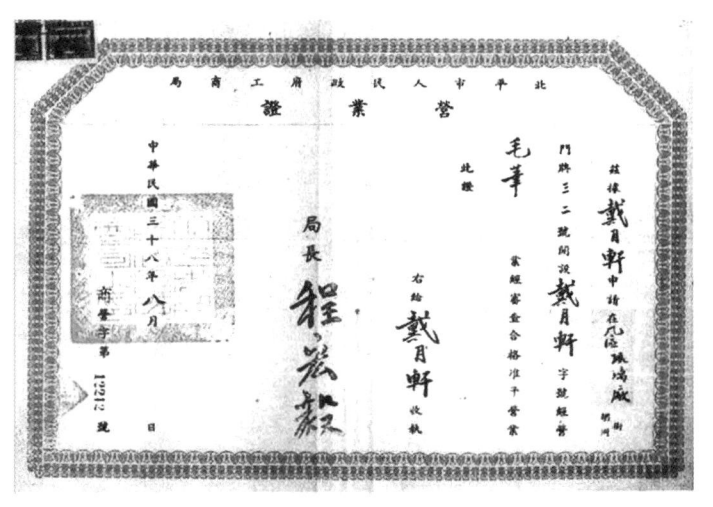

1949年8月北平市人民政府工商局颁发给戴月轩的第一张营业执照

也许有人会问,将自家的绝活亮出来,就不怕别人抢自己的饭碗吗?可是,戴斌并不在意这些闲言碎语,因为他知道,自家的毛笔工艺看似复杂,其实没有什么秘密,只是工序上有所区别。戴月轩的毛笔有100多道工序,就算是聪明人用心学,恐怕也要几个月,如果不是精心制作,恐怕一辈子也做不出戴月轩那样高质量的毛笔。戴月轩还有一个绝活:为顾客修笔,一些顾客用坏的毛笔送到这里,由手艺精湛的笔师再择上几根毛,就又可以使用了。

戴月轩店堂

戴斌的人品和笔庄的名声很快传到了中南海。当时，在京的中央领导均有用毛笔书写的习惯，毛泽东、周恩来、朱德、董必武等批文件、写文章等，一刻不离毛笔。一天，一位叫张子明的中南海专员带着介绍信驱车来到戴月轩。恰逢戴斌外出办事，一个叫郑存宗的伙计接待了他。张子明看着满柜台各式各样的毛笔，一时犯了难，毛笔不就是用来写字嘛，怎么会有这么多的种类？给中央领导选笔，恐怕要选质量好一些的，但是他并不能分辨呀，只有通过价格高低来判断。他以为只有昂贵的毛笔，才能衬得上领导的身份。可是郑存宗却阻止了他。

郑存宗告诉张子明："不同毛笔有不同的用途，签文件和写书法不一样，同是写书法，草书楷书在用笔上也有很大差异"。他建议，要先了解各位领导的写字用笔习惯，根据习惯和用途决定毛笔种类。张子明一听，这小伙计哪有生意不做的道理？价格贵的毛笔利润岂不是更高，为何推三阻四？正想着，这时戴斌从外面回来了。

见到戴斌，郑存宗说起此事，戴斌听完小伙计的安排不住地点头，表示十分满意。这下，张子明开始有点服气了。戴斌领着张子明走进制笔作坊，巡视了一遍，然后二人坐在一个茶桌旁，边喝茶边交流。戴斌给他讲解各类毛笔的特点和用途，张子明将每位领导人的生活、工作习惯向戴斌一一作了说明。接下来，戴斌喊来郑存宗，让他从中选出几十支毛笔，为了不至于混淆，他要求郑存宗跟张子明一道去中南海送笔。

于是，张子明和郑存宗先是到了新华门，将包装好的"纯冬狼毫小楷"送给毛主席。然后又到西华门给周总理留下"紫毫圆转如意"，给邓小平送去了"鸡狼毫小楷"……在中南海两人转了很大一圈，为中央领导分别送去了适合他们的毛笔。这样的用心安排，令各位领导都特别满意。

戴月轩为中南海制笔

毛主席、周总理生前使用戴月轩毛笔

从此,整个国务院办公厅的签字笔全部采购自戴月轩。因来往文件都用毛笔签阅,用笔量相当大。毛主席每月就要用二三十支毛笔,所以后来每月张子明都要来一趟戴月轩。

荣宝斋千元收藏《苕溪诗卷》

1963年的一个清晨,北京城以收藏字画而远近闻名的荣宝斋门前,忽然走来一位"神秘"的客人。此人二十多岁,穿着朴素,但眉宇间透露出一股俊朗干练的英气,让人感觉其绝非等闲之辈。他背着一个布包,仿佛心事重重,进店后在店里来回徘徊、观望,这引起了荣宝斋经理侯恺的注意。侯恺凭着工作经验推断,这位青年一定从外地来且有重要的东西急于出售。所以侯恺并不急于询问,生怕贸然发话会把青年"吓"跑。

20世纪20年代荣宝斋

这时,店里又陆续进来几个人,街上溜达的行人也渐渐增多。青年显得有些焦急,几度欲言又止。侯恺悄悄递给同事王大山一个眼色,王大山会意地上下打量这位青年,然后走到青年面前问道:"你是老赵的伙计吧？他让你送来的东西呢？"

青年一惊，听出王大山的话外之音，心情渐渐平静下来。他瞅了一眼王大山，发现他慈眉善目、笑容可掬，遂小心地回答："你们收字画吗？我有几件东西想请你们帮忙看看！"

王大山心里有了谱，看了看青年身后的大布包，继续假装认错了人："东西带了吗？老赵这次又送来了什么字画？"青年见到王大山一直把自己错当做"老赵"的伙计，于是就放松了许多。王大山示意青年跟着自己进入内室。青年犹豫了一下，摸了摸自己的口袋然后跟了进去。他拘谨着一路上东张西望。到了内室，王大山拉过一把椅子，吩咐青年人坐下，并给他泡了一杯热茶，然后自己坐到靠门的一把椅子上。

青年很快稳定了情绪。王大山问道："先生您贵姓？""免贵姓丁"。

"请喝茶！"王大山并不急于看货，因为前来向荣宝斋献宝的客人多如牛毛，精明的生意人往往故意装扮成老实巴交的农民或衣着光鲜的清朝遗民，来出售"传家宝"。在王大山的心里，这位青年表演得似乎更加真实，若不是经理侯恺特意吩咐，自己根本不会去主动搭理他。

看到王大山一副慢条斯理的样子，姓丁的青年有些坐不住了，他颇为焦急地说："老板要不要看货？我有急事要马上离开！"

王大山看出青年要走，这才点了点头冲他说道："天气炎热，多喝几杯水解解渴。"

青年迟疑了一下，然后将身后的布包放到桌子上，把里面的字画一一摊开。只展开几幅，王大山就已惊得目瞪口呆。原来，这个破旧不堪的布包里，竟然裹有字画30多幅，虽然鱼龙混杂，而且部分字画有残损，但是经常和文物打交道，好宝贝哪能逃脱王大山敏锐的眼睛？他很快确定其中几件是稀世珍品：李公麟的《三马图》题跋、北宋范仲淹《师鲁二札》的残缺部分、宋代书法名家米芾的《苕溪诗卷》等赫然在列。

一般来到荣宝斋的人，看到买家激动会坐地抬价，或者狮子大开口。可是这位青年却一脸平静，难道他是刚入行的新手？还是说这些作品有问题？王大山很快冷静下来，这个淳朴的青年手里怎么会拥有如此

荣宝斋大厅

多、又如此贵重的珍宝呢？他一方面先稳住青年，另一方面马上与营业科副科长兼收购部负责人田宜生商量。田科长听到这个情况，觉得事情重大，于是亲自走进内室。田科长的出现让青年一下子警觉起来。田科长则尽量使自己表现得随和。经过几句闲聊和试探，他很快判定这位青年不是倒卖字画的贩子。青年自称"丁新刚"，父亲年轻时在法国、德国留过学，做过文职人员，此外，不愿透露更多的信息。

经过王大山和田宜生两位专家的鉴定，这些作品大部分是真迹，尤其是米芾的《苕溪诗卷》，虽然全卷只有 35 行，共 394 个字，但字字都是米芾的真迹。此卷用笔中锋直下，浓纤兼出，落笔迅疾，纵横恣肆。尤其是运锋，正、侧、藏、露变化丰富，点画波折过渡连贯，提按起伏自然超逸，毫无雕琢之痕。其结体舒畅，中宫微敛，保持了重心的平衡。诗卷舒展自如，抑扬起伏变化。这样古朴的笔法，难以模仿、不可复制。根据卷末所署年款"元祐戊辰八月八日作"，知作于宋哲宗元祐三年戊辰（1088 年），时米芾 38 岁，正是米芾书法成熟、定型的时候，这简直是无价之宝啊！青年要价 1500 元，经过一番讨价还价，双方最终以 1400 元成交。下午三点，丁新刚准时来到财务室办理手续，拿到钱后便匆匆离去。

2006年"荣宝斋木版水印技艺"被列为首批国家级非物质文化遗产

米芾《苕溪诗》等数十件墨宝的意外发现,不仅轰动了荣宝斋,而且也震动了文物界,引起了文物部门的重视。文化部副部长齐燕铭、故宫博物院院长吴仲超、文物局处长张葱玉闻此喜讯后,立即驱车赶到《荣宝斋》鉴赏这些书画珍宝。张处长看了《苕溪诗》后,手捧《苕溪诗》卷喟叹道:"人生快事,莫过于一睹此帖。今已得此珍品,死亦瞑目矣!"

今日荣宝斋

其实,看到丁新刚如此急于销售字画,大家都觉得他好像并不全是为了"钱",那他的背后到底隐藏着什么秘密呢?将这些重要的文物保存至今并廉价卖给了国家,丁新刚是做出了巨大贡献的。当时国务院几位领导共同商定,应当再给与丁新刚一些奖励。可是按照他留下的地址派人前去查寻时,却发现"查无此人"。后经多方打听,原来他走出荣宝斋之后,就带着母亲回东北老家去了。

西单商场员工自建"争气楼"

西单是北京著名的商业圈,繁华的街道不仅拥有种类繁多的小吃、承载云集万卷的图书大厦、豪华大气高档的电影院,而且颇具深厚的历史文化内涵。尤其近几年来,"西单女孩""西单奶奶"等故事在网络广为传播之后,西单的名字更响彻大江南北。很多"北漂"对西单有着一种莫名的亲近,对他们来说,到北京不去西单绝对是一种遗憾。

西单商场创始人黄树滉

走在人流如织的西单商业大街,面对人气爆棚的店铺和商业大楼,很难想象,这个地方曾经发生过一件普通人难以想象的"大事"。

故事要从1972年说起。

1972年2月,春雪刚刚飘过,空气中还弥漫着寒冷的味道,冬阳暖暖地洒在西单每一条马路上，西单商场的员工一如既往地忙碌着。一天，传来一条消息："美国人要来参观西单商场了！"当时尼克松总统访华的消息引起了中国民众乃至世界人民的共同关注。而此次尼克松访华的随同记者想参观一些北京景点，西单商场作为当时北京最为热闹的商场之一，自然成了美联社记者的首选目的地。

但当时商场的情况很特殊，由于1937年发生的一场大火，给商场造成极大损失。人们利用铁板在废墟上修建起大棚式商场，摊主在自己的小棚中设点经营。时隔多年，大棚年久失修，多处墙体开裂，当积雪融化时，铁皮的棚顶不住往下滴着雪水，地面砖头松动，脚踩上去水就从砖缝里冒出来。稍有不慎，就会踩得满脚泥水。

尽管如此，西单商场生意还是十分兴隆，最好的时候，每平方米都能站五、六个人，很多商品刚摆出来就会销售一空。

上午十时许，几位美国记者扛着摄像机来了，员工们见到后无比好奇与兴奋。他们都极力把自己最热情的一面展现出来，露出最可爱的笑容，提供最优质的服务。可谁知记者对这些朴实纯洁的笑脸并不感兴趣，镜头却专门对准商场里的角角落落，把最破旧的一面一一收入镜头。当时商场基础设施较为落后，取暖用的还是煤球炉子，每烧完一块就要及时更换新的，不然火很快就会熄灭。

这些身材高大的美国记者对冒着热气的煤球炉子很感兴趣，一直拍个不停，一边摇头一边说着："NO，NO！"，这让西单商场的领导和员工心中为之一凉。"尼克松都和毛主席见面了，中美之间应该增进友谊，可这美国记者第一次来中国专门挑落后的一面拍是什么意思？"刚开始大家疑惑不解，继而是牢骚满腹。虽说美国记者是故意为之，但落后的事实就在那里明摆着。

最为重要的是，一旦美国记者把西单这些落后的地方报道出去，不但西单商场的形象将受到影响，而且还会在国际上丢中国人的脸。商场的每一位员工心里都觉得很不自在。

在这之后，西单商场决定要重新盖楼。决议很快上报到区革委会，相关领导来到现场，决定重新打桩，修建崭新的大棚式商场。而商场方面认为应该盖一座坚固的楼房，不然今后还是要重建的。

要盖楼房面临着几个难题，首先是资金问题，经测算每平方米需要 200 元成本，两期工程共有 3 万多平方米，总计需要 600 多万元。另外就是当时建筑工程队较少，一连联系了几家建筑队，都因排不开工期需要久等。这可怎么办呢？

老西单商场

不知是谁提出的建议，既然建筑公司太忙，那么商场员工就一起上阵，再也不能等了！只要中国人肯争气，没有什么做不到的。

这个建议很快得到广大员工的支持，男女职工纷纷响应。经过一段时间的酝酿与筹备，1972 年 8 月份，商场请来一批建筑技术人员，对职工进行艰苦的"战前训练"之后，新大楼的一期工程如期开工了。

新大楼工程分成两部分，先拆除最旧的，在原址建设，剩下的一半面积继续营业。

因为商场工作的特殊性，职工大多都是女同志，而很多建筑工作需要力气，这可苦坏了女职工们。在拆除原来水泥浇筑的三层楼时，女突击队员用十几磅的大锤和钢钎一块一块地往下"啃"。她们自定指标，每人一次抡锤 40 下。一天下来，女员工们的手、臂痛得端不住饭碗，只能用筷子插着馒头吃。

尽管如此，女工们还是咬紧牙关毫不放弃。为了能省下一点钱多购买一些建筑材料，职工们更是各出奇招。水泥班一天要运几百袋水泥，规定每班不准弄破四个水泥袋。因为一个完好的水泥袋可以卖四角钱，而破损的袋子一斤也卖不到一角钱。

运水泥的员工分成几班，每班十几个人，推着独轮小车朝工地上不断输送水泥，数丈深的地基大坑正在开挖，沿着斜坡往上推土，一个人推不动，需要三四个人一起往上拉。往下送水泥时也一样，三四个人一起拽着往下挪。如果把握不好，很容易造成人员受伤，所以一刻也不能放松。几天下来，不少水泥工的手掌都磨出水泡和厚茧。

最令人惊奇的是搭建脚手架，那时候商场没有吊车，架子比楼房还高，全靠隔一两米站一个人，一个一个单臂往上传杉篙。就这样，架子硬是搭了起来。

1972年至1978年，西单商场职工自力更生翻建商场大楼

在职工们的齐心努力下，新的西单商场大楼一天天往上长高。与此同时，职工们一边用水泥抹墙，一边正常售货。虽然面积减少了，但营业额丝毫没受到影响。很多顾客一来是买东西，二来是看"奇观"。据商场老员工刘瑞琪回忆，1972年拆房当年，商场卖了3202万元；第二年，房子还在建，卖了3448万元，往后销售额每年都在增长。

职工们都是义务劳动，看到大楼每天增高，心里都很自豪。到了1977年7月，商场盈利更大，才有人建议给建房的职工每人每天2角钱的补助。

就这样，历时6年，西单百货商场终于建设完工。这座大楼两期工程所用的 1,258 吨钢材、1,971 立方米木材、4,634 吨水泥、540 万块机砖，都是依靠职工们用手搬、肩扛、车推的方式运进工地。全商场 1000 多名职工，大部分是女同志，他们分期分批到工地参加义务劳动，总计投入 69 万个劳动日。西单商场职工自力更生所建的大楼，面积为 3.17 万平方米，为国家节省了巨额资金。全部工程总计投资 427.3 万元，比预算节省了 200 万元左右。

1978 年 9 月，新楼建成开业了。开业当天，很多北京市民都早早前来排队，准备参观这个充满传奇建设经历的商场。甚至还有从天津、河北远道而来的顾客，也都提前在门口排队等候。9 点商场一开门，抢货的顾客就以百米赛跑的速度争先恐后冲到各个柜台前。各个柜前一会儿就排上了长龙，连过道里都挤满了人。新大楼的货卖得哗啦啦快，商场负责采购录像机的职工一周就得跑一趟广东深圳等地，泡在经销公司里要货。有时候一批货刚发回去，缺货的通知又来了，只好重新转回去继续采购。

新竣工的大楼营业面积比建楼前大幅增加，商品品种由原来的 1.7 万种增至 2.6 万种；销售额由建楼前的一年最高 3,202 万元，增至 7,724 万元，上缴利润 440 万元，几乎相当于收回重建商场的全部投资。从此，西单商场跻身于北京商业的"四大金刚"之列，与东安市场、隆福大厦以及王府井百货大楼齐名。直到今天，西单商场"争气楼"的骨架风雄犹存。有人发现，南楼和北楼高低不一样，这就是当年员工分期盖楼留下的最好印记。

1974 年董必武题词

这座楼凝聚着全商场职工的心血和汗水，职工们都称它是一座"争气楼"。董必武同志了解到售货员自己动手盖大楼的生动感人的事迹后，欣然题写了"西单百货商场"匾额。如今的西单商场，经过三次改建整修，早已成为一个时尚的百货商场，在市场经济时代的大潮中，一路扬帆远航。

今日西单商场外景

小肠陈和一位台湾退伍老兵的情缘

小肠陈起源于清朝乾隆年间,已有数百年历史,以经营卤煮小肠而闻名,深受京城百姓喜爱。

20世纪80年代,在北京市宣武区南横街中段小肠陈卤煮火烧小店里,精神矍铄的陈玉田老人和女儿陈秀芳胸前挂着围裙,忙碌着招呼客人。陈师傅所经营的"卤煮小肠"生意在北京堪称一绝,很多人慕名而来,要尝尝这传承多年的"小肠陈"。当时改革开放不久,市场经济逐渐复苏,陈师傅的日子越过越好。尤其是作为小肠陈第三代传人,能够重操旧业,得以恢复自家生意,令他做梦也没有想到。

小肠陈第三代传人陈玉田及女儿陈秀芳

一天，天气比较闷热，还下着淅淅沥沥的小雨。虽然天气不好，但小肠陈依然顾客盈门。就在所有人忙得不可开交之时，一辆奥迪轿车突然停在小店附近。汽车在当时属于稀罕物，能乘坐得起轿车的，要么是一些外国人和归国华侨，要么是较早发家的新贵们。轿车缓缓停下，从车里出来一位衣着光鲜的小伙子，直奔小肠陈小店前，操着一口不太流利的普通话问道："这是正宗的北京卤煮吗？"

陈师傅抬头看一眼小伙子，边忙手里的活计边说道："您呐，不是北京人吧？"

"我是从台湾过来的啦！"小伙子望着眼前这位慈眉善目的老人，"难道你就是陈玉田师傅？"

"你认识我？"

"不是，我来之前，从北京的朋友那里得知，北京卤煮以陈玉田师傅做的最为地道！所以我们就直奔这里了。"小伙子很虔诚地看着陈师傅。

原来，这小伙子从台湾来，是秦先生的司机。秦先生原是一位国民党老兵，因历史原因到了台湾。两岸政治生态隔绝几十年，其思乡之情愈浓。幸而后来形势发生变化，他才得以在八十高龄衣锦还乡。

这次来大陆探亲，北京城市变化很大，街上熙熙攘攘的人流，让秦先生觉得寻亲梦变得极为渺茫。一连数日查询，都没有任何线索。

秦先生百感交集，就让司机带着自己在北京街上随便逛逛，慢慢寻找丢失多年的记忆。走着走着，他忽然想起自己小时候特别爱吃北京的卤煮小肠，于是就让司机到处打听。他先是就近吃了一份，发现和记忆中的味道完全不一样，认为这不是正宗的北京卤煮。难道北京卤煮失传了？他感到很郁闷。

就在他失望着准备离去之际，一位北京老记者听到此事，告诉他不必绝望，应该先尝一尝小肠陈的手艺之后再作结论。尽管他感到没有什么希望了，但还是决定抱着试一试的态度，吩咐司机驱车赶到这里，所以才发生了前文的一幕。

青年司机把这些情况都告诉了陈师傅，并用手指了指不远处的奥迪

1989 年南横街小肠陈老店

轿车,告诉他秦先生就在轿车内,因为他年龄太大,不方便下车。陈师傅本想带上一份"样品"送到车上,交给秦先生品尝。当他听完青年司机的叙述后,已经心中有数。他知道秦先生为什么对自己持着怀疑态度了,估计是之前经历的失望太多,加之自己的形象不似传统厨子那样方面大耳,所以才如此疑虑。

陈师傅动作麻利地从滚烫的大锅里捞出主料,随着手起刀落,片刻之间案板上已是成片儿、成块儿,既干净又齐整,随之以刀当铲儿装入碗中,再淋上醋蒜汁、辣椒油……一股香气直窜肺腑。那叫一个干脆利索。这一系列动作把司机看呆了,这手活儿简直就是一种表演。他心中的疑虑也因此消除大半。

司机端着一份卤煮离去了,陈师傅依然埋头忙着做生意,这会儿,食客们大都从家里出来了,拿着锅碗瓢盆,排起长长的队伍。几张桌子坐满了侃大山、吃卤煮的北京爷们。

没过多久,那位司机满面笑容地快步走来,激动地说:"小肠陈果然名不虚传!"说完折回头打开车门,从车内搀出一位银发飘飘的老人来。

这位老人身材高大,穿着简约大方,挂着一根文明棍。原来刚刚司机出来的时候,他坐在车内就有了一股"穿越"的感觉,那股香味早已飘到车内,门口嘈杂热闹的场面,令他感到既亲切而又熟悉。等司机端回来一碗冒着热气的卤煮时,他越看越对劲,越闻越觉得香,便情不自禁地吃了一口,顿时香醇满喉。于是,非要下车要一大份小肠。

可他下了车,司机却犯了愁,这小肠陈的店面太小,桌椅不够,到处都是坐着或站着的眼巴巴的食客。秦老爷子年纪大了,在台湾退伍多年,一直经营生意,俨然一位绅士,这个就餐环境实在太差。况且,秦先生这身体,坐在这样的凳子上,恐怕有点不太合适吧。

秦先生连连说道:"无妨!无妨!"对于他来说,这里最接地气,最能找回记忆。不过话虽这样说,他却实在没地方坐。随着社会地位改变,他的生活方式也早已改变,虽说最原始的方式让他觉得自然亲切,可他脸上也隐隐透露出几分尴尬。他就那样鹤立鸡群般地站着。

陈师傅看出了秦先生神情不对,连忙招呼伙计给秦先生搬一把椅子,毕竟是八十多岁的老人,总不能站着排队吧。

这时候,司机提出一个要求,能不能给秦先生找一个安静舒适的地方,然后做出一份特别地道的卤煮送过去。当然,价钱可以多给一些。

这下,陈师傅有些为难,自己的小店实在太忙了不得空儿,前来吃卤煮的客人非常多,自己都忙得不可开交,怎么还能去照顾一位特殊客人呢?不过话说回来,天南海北,每位顾客都有自己的一些生活习惯和风俗,来的都是客,做生意就不能慢待任何一位顾客,一定要想方设法照顾好,让客人满意而归,这也是陈家做生意传下来的规矩。

此时,他不禁想起一个故事来——英国首相接待一位小国国王时,吃完饭后,命人端上来一盆洗手水,没想到小国国王以为是"净肠汤",端起来就给喝了下去。别人都以为英国首相会取笑国王,没想到他突然把小国国王喝剩下的这盆水喝个干净,就像什么事也没发生一样。原来,他早已了解到,这个小国有这样一个风俗习惯,吃完饭是要喝一碗水的。尊重别人的文化和习惯是一种美德。

陈师傅想到这儿,立刻安排自己的女儿小肠陈第四代传人陈秀芳到附近的邻居家找一个房间。一切安排停当以后,把秦先生接了过去,然

小肠陈草桥总店

后做出一份量足大碗卤煮让司机给送过去。

这样的安排既尊重了秦先生的习惯，让他得到某种满足，同时也扩大了自家生意的社会影响。

陈玉田忙了整整一下午，晚间快要打烊的时候，发现秦先生早已吃完饭回来，坐在轿车内静静地等候着。司机走过来递上一叠钞票表示感谢。

陈师傅将钱数了一下，只留了一碗卤煮的钱，其余的全部退回。

青年司机的脸上掠过一丝不解，陈师傅解释道：因为他和邻居的关系很好，找的房间并未收费，所以自己也不该收。况且，为每一个顾客服务到位，是小肠陈的宗旨。若是多收了钱，内心会不安的。

这时候，秦先生摇下车门，已是满脸泪水。原来吃完卤煮，他一直在静观这熟悉而又陌生的场景，越看越觉得自己受到了尊重，朴实而真诚的陈师傅不但照顾到自己的面子，而且热情贴心的服务让自己感到特别满意，他怎能不百感交集呢？

"吃罢小肠陈，遗憾少了一大半。吃了小肠陈，归去后会多一份牵挂。"这是秦先生最后所说的话。就这样，陈玉田这位普通的劳动者，用自己热情友善、童叟无欺、诚信的服务态度，践行了一个百年老字号始终不变的信条，赢得了顾客们的感动和信赖。尽管也许秦先生此去再也没有机会回来，但小肠陈会在秦先生心里扎根，也会随着他的感动，将"小肠陈"良好的声誉传给台湾同胞。

小肠陈参加 2011 鸟巢美食节

这个故事温暖人心，让人感受到了浓浓的乡情和割舍不断的手足情，就像郭庆瑞先生写的诗："小碗卤煮白透红，肠肥肉烂卤汁浓，陈年美味家传好，记述京城几代情。"经过几代人的努力，就是这样朴实的情缘，温暖着钟爱它的京城百姓；就是这样的感动之情，小肠陈的知名度、美誉度越来越高。相信小肠陈会遵循着这种精神继续努力为更多的百姓服务，为弘扬老北京的饮食文化做出更多的贡献。

清华池的"一招鲜"

上世纪 80 年代,已经离休在家的陈云同志患上了疤痕垫核脚病。这种脚病说大不大,但对于高龄老人来说,这种病影响走路,治疗起来也很棘手。

清华池 2007 年 12 月迁入虎坊路 17 号/王丽华摄

脚病在医疗科目上少见。陈云同志的脚病,成了中南海保健处工作人员的一项重大任务。在中南海的所有保健医生那里,还没有一位保健医生精通治脚病的技术,在北京各大医院也没有这样的医疗科目。大家为治疗陈云同志的脚病犹豫复犹豫,先后制定了几套治疗方案,但是因为没有完全治好的把握,所以迟迟不能做出决定。

一天早晨上班后,保健处的同志又聚集在一块,把几套方案摆在桌面上,研究具体可行的办法。这时候,在保健处工作多年的老董,蓦然一拍脑袋说:"有了!"

处长莫名其妙地问："有什么？"

"清华池。"老董回答。

"清华池咋啦？"处长追问。

"清华池可以胜任治疗陈云同志脚病的工作。"

"啊！"处长接着道，"要是清华池能治疗陈云同志的脚病，这可就能解决个大难题。"处长说罢又思忖了一下说，"我还是不放心，你既然推荐清华池，就请你把理由说一说！"

老董在北京生活时间较长，同街坊邻居打交道较多，对北京各方面的情况比较了解，尤其是他有个多年爱好——喜欢去清华池泡澡。老董对这个始建于光绪三十一年的浴室很了解，于是他不慌不忙地向大家讲起了清华池。

位于珠市口的清华池旧址

清华池刚开业的时候，旧北京的澡堂子不少，为了将生意做大，清华池的掌柜于东海对北京浴池逐一进行了详细了解。他心中明白，要想在浴池行业独树一帜，并非易事。他一天到晚总在琢磨着怎样才能使自己经营的清华池超越别的浴池。想了一个又一个办法，深思熟虑后又都否定了。于东海为此事伤透脑筋，人也日渐消瘦下来。

一天，正当于东海为此而苦恼时，决定去泡个澡。泡澡当中，他发现脚心处那个鸡眼用手一按隐隐疼痛。他只好走出浴池，来到马路边找修脚师傅修脚。那时修脚的不在澡堂，常常在街道两边摆摊干修，人们称为"旱窑"。于东海脚上的鸡眼由来已久，曾经找修脚师傅修过几次，成效并不明显。刚泡过澡，身体清爽，于东海决定去找京城里修脚最有名气的金式存老人，让他给自己修脚上的鸡眼。

来找金式存修脚的人很多，于东海排了半天的队。他躺在修脚的椅子上，很快就因疲劳迷糊着睡着了。等他醒来时，金师傅已经把他脚上的鸡眼修好了。平时修脚还有疼痛的感觉，这次竟在不知不觉间修好了，真是一种难得的休息和享受！于是他说："平时修脚都有疼痛感，这次一点疼痛也没有，金师傅果然是技高一筹。"金式存为人实在，就实话实说："我修了一辈子的脚，一来要求自己一定要把这门手艺学到家。为啥我这里客人多，就是我修脚时，客人一般不会有疼痛感。二来价钱公平合理，凡是来修脚的都是我的福星，对谁都一视同仁。这也叫一招鲜吃遍天。再就是，你刚泡过澡，脚上的皮肉柔软，修起来更方便，所以不疼。"

回去的路上，于东海一边走一边回味着修脚师傅金式存的那番话，觉得他说的很有道理，又感到这里面有他需求的内容，却一时理不出头绪。

"一招鲜，吃遍天！一招鲜，一招……"他自言自语没有完，蓦然一拍大腿兴奋道："有了！"

于东海有了什么呢？有了金师傅的"一招鲜"，他多少天的困惑一下子豁然开朗。一定要把自己刚才修脚时的享受，变为清华池顾客们的共同感觉。特别是患脚病来泡澡的顾客，一定要让他们都能得到最优质的服务和享受。

于东海深知要做就做别的同行做不到的事。那些日子，清华池里几乎不见于东海的影子，他每天跑完东城跑西城，跑完南城跑北城，遍访

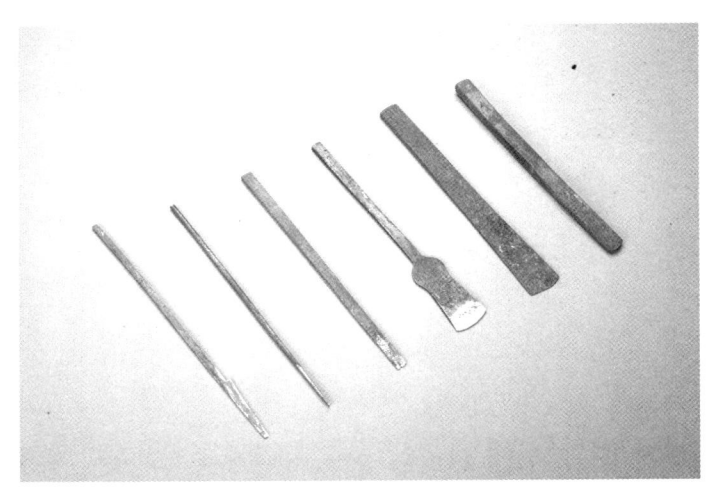

清华池修脚用老刀子

京城修脚高手,并私下和那些高手们订下口头协议,请他们到清华池里去为客人修脚。他承诺让修脚师傅们在保持现有收入的基础上有更多的利益,若没有达到现有的收入,全部由清华池补足。很快,京城里凡修脚技术好的特别是有绝活的,都一一投到于东海的旗下。

开张那天,清华池锣鼓喧天。于东海大张旗鼓地宣传:清华池又添新的服务项目,客人来泡澡,可以躺在清华池的床上得到修脚服务。当时,别的洗浴老板对此不屑一顾,依旧还抱着传统经营方式。清华池的生意却热火朝天、蒸蒸日上。一个清华池不够、两个,两个不够,于东海在京城便开起分店。京城那些澡堂子这才如梦初醒,方在自己的澡堂增添修脚项目,然而鳌头已经被清华池占据。多年来,清华池修脚、治疗脚病的生意如日中天,长盛不衰。人们已经习惯在泡完澡后躺在床上,把脚轻轻地伸出去,任凭修脚师傅修剪摆弄,这期间顾客们可以休息,可以喝茶,也可以与朋友聊天,多么惬意呀!

新中国成立后,修脚技术得到更好的发展,修脚工作人员的地位也得到提高。20 世纪 60 年代,清华池的高级修脚师傅师安起、脚病治疗技师杜德修先后当选为全国人大代表、被评为全国劳动模范。

"文化大革命"开始后,修脚被当成资产阶级腐朽的东西进行批判，一纸文件取缔了京城各个浴池的修脚和搓澡服务项目。幸亏清华池的领导灵机一动，经请示有关部门，修治脚病治疗室这门传统技术才完整保存下来。随着改革开放的发展，这门技术又在京城迅速兴盛起来，清华池仍然在修脚技术和服务等方面名列前茅。

1961年清华池老修脚技师安启、刘振英撰写第一本修脚专著《修脚术》

老董说，与他同住一栋楼的一个孩子脚趾得了甲沟炎，到各大医院治疗就是治不彻底。孩子本来喜欢体育活动，自从得了脚病后，已经有两年不能上体育课了。为此孩子苦恼不堪，家长也操了不少心。家长听说清华池可以治疗脚病，就带着孩子去了，先给师傅1000元钱，说若是不够再去筹钱，只要能治好孩子的脚病。

这位家长的一番话让清华池的师傅都笑了："小毛病。用不了那么多的钱！"

"还小毛病，都整整两年了，孩子都上不成体育课。"家长说。

"没事，保证把你孩子的脚病治好。"

师傅说完，仅用了十分钟就把孩子的甲沟炎病灶处理完毕，家长花了几十元钱。后来经过几次换药，花去100多元，孩子的脚病彻底治好了。

老董的故事讲完了,保健处长说:"赶快去清华池!"一行人到了清华池。企业的领导安排专家级修脚技师金启平担当此次为陈云同志修脚的重任。金启平是何方人氏?他就是当年为清华池掌柜修脚的金式存的第四代传人。

金启平师傅来到陈云家,仔细察看了陈云脚掌上的疤痕垫核后,心想:做这种手术,周边的皮不能破,不能疼,必须稳、准、轻。陈云同志年老体弱,又不能长时间坐着,治疗必须在15分钟以内修治完。金启平艺高胆大,从动手术到上药,程序一气呵成,仅仅12分钟就完成了修治任务。

清华池服务员李金明十几年如一日义务
接送孤寡老人和残疾人来浴池洗澡

后来,金启平师傅又多次到陈云家帮助换药。第三次换药时,金启平穿着布鞋来到中南海,刚走到院子,听力极好的陈云便远远招呼道:

"是金师傅来了吧？"

金启平听到问话，疾步进屋说："是我，老首长你好啊！"

陈云那天特别高兴，待金师傅换完药后，自己穿上鞋，立即站起来在室内来回走了几步，激动不已："谢谢，谢谢！清华池修脚治病技术果然名不虚传啊！"

老舍夫人胡絜青为"南来顺"题词

1992年，南来顺经理陈连生做了一个决定：他要邀请87岁高龄的胡絜青老人吃顿饭。事情源于不久前，作家老舍之子舒乙先生到南来顺就餐，席间说到了自己的母亲。老人家很怀念当年的北京小吃，只因年事已高出行不便，很少到外面走动。即便偶尔出去一趟，想寻找一家正宗的北京小吃店坐坐，却也一直未能如愿。因历史原因，很多小吃的传人要么故去，要么改行。为此，胡絜青老人一直念念不忘。

南来顺饭庄门脸

陈连生二十出头就已经在南来顺担当大任了。南来顺刚从天桥搬到菜市口那阵，几乎没有什么生意。一是因为很多小吃经营者都习惯于在天桥附近经营，对菜市口这个以前经常行刑的地方并不看好。二是有些北京小吃老户都想扔掉"业主"的帽子，纷纷改行另寻出路。

凭着对老字号的了解，他按照自己的思路去寻访那些老户们。比如当时"羊头马"牌子很响。解放初期，羊头马的马玉昆推着独轮车在前门等地做生意，每天摊位前都排起长长的队伍，生意火爆的不得了，可是在社会主义改造时期，马玉昆突然关门改行当了搬运工人。于是陈连生就去找市、区有关领导，要求把马玉昆调到南来顺工作。

就这样，凭着他的一股韧劲，很快请来了"馅饼周"的徒弟马世芳、"焦圈王"的传人、"豆汁张"的后代……陈连生还把京城不少烹制清真炒菜的名厨给请了来。其中，有清真菜肴一代宗师褚连祥的弟子金士光，以及原来"一亩园"、"两益轩"掌灶的厨师安国栋等人。在这些厨师当中，还有一位后厨名叫黑荫池，此人练就了一手好刀功。据说片羊肉，60刀下去，片出来的羊肉片正好一斤。可以说，当年的南来顺可谓是兵多将广、人才济济，不仅北京小吃叫好，而且清真菜肴一样叫座，一时成了京城各种名小吃荟萃的地方。

所以陈连生想，南来顺的北京小吃绝对正宗，最有资格圆一位文化老人的心愿。转眼之间，到了约定时间，陈经理大清早派去的汽车回来了。车门打开，从车上走下来一位鹤发童颜精神矍铄的老人，脸上露出舒心的微笑。陈经理看到后立马迎上前去，搀扶起胡絜青老人，领着她朝院子走去。胡絜青老人边走边问："南来顺什么时候搬到这大观园来了？"

"胡老，前些年市政府大规模改造南城，街道加宽，菜市口那家店就被拆迁了。"陈经理答道。

"我觉得这边比以前的南来顺宽敞的多了。"胡絜青说道，"以前我可是南来顺的常客。"

陈经理道："您老眼力好，这儿不但宽敞多了，而且风景也好得多。"

两个人边聊边感慨，陈经理先带着老人简单参观一下南来顺。胡絜青老人忽然问了一句："搞运动的时候，南来顺不是被红卫兵占领了吗？听说那时小吃美食的师傅都被赶走了，变成了馒头店，你是怎样恢复的？"

陈经理开玩笑道："这恐怕要写成一本书，等会呀，我慢慢地告诉您。"

在院里走了一圈，陈经理知道，胡絜青老人的心里肯定有许多疑问。考虑到她年龄大，不便走动过多，就领着她去了包间。

胡絜青女士到南来顺饭庄就餐

此时,包间里已经有两三个人了,胡絜青一进门大家纷纷站起来迎接。靠着门边的也是一位年逾花甲的老人,他见到胡絜青,连忙上前握手问道:"您老可来啦!"

这时候陈经理马上向胡絜青老人介绍这位握手的老人,还未说出名字,胡絜青老人抢话道:"这位老先生我知道,不用介绍,他就是京城叫卖大王臧鸿先生,以前他和我家先生关系很好。"

胡絜青老人刚说完,臧鸿就情不自禁地流泪了:"几十年没见面了,你还能记得我呀!"以前老舍先生名气很大,很多人都以能与老舍见面为荣,包括当时的政府官员,能跟老舍握个手都觉得是件很有面子的事情。当时臧鸿还很年轻,仅仅是一个沿街叫卖的,这么多年过去,尽管容貌都发生了很大变化,没想到胡老竟然能认出他,他怎能不激动?其他几位作陪的都是南来顺的领导,都想一睹胡老风采,大家很快依次落了座。

胡老还是有些不放心,想到之前问陈经理的一些问题,他还尚未回答。多少年过去了,小吃能恢复到原汁原味吗?人的味觉是有记忆的,自己此行,主要是为了借当年的滋味追忆过去的时光。但她又考虑到刚才陈经理的回避,莫不是怕惹出什么麻烦吧?看到胡老一副欲言又止的样子,陈经理立马打消了胡老的顾虑:"红卫兵刚开始占领南来顺的时候,别说清真菜肴了,连传统小吃都没了,全部变成吃馒头喝粥,他们甚至自己动手做饭,叫做自我服务,把我们全部赶走了。"

"唉!"胡老叹了一口气。

"不过嘛,那时候我钻了一个空子。"陈经理卖了一个关子。

"虽然都在闹运动,但是每逢'五一'劳动节和'十一'国庆节,小吃还是有市场的。"陈经理介绍道,"这两个重要节日,各级政府都要举办游园,上级领导要求北京四城区小吃店到公园摆摊服务人民群众。既然是人民的节日,总不能都让人民吃馒头吧,于是我就组织人员恢复小吃制作。"

"原来如此,技艺是这样保留下来的呀!然后呢?"胡老问道。

"然后……结果自然不用说,群众喜欢极了,这批精心制作的小吃一做出来,立刻被抢购一空。就是这样连摆了十几年摊,南来顺的小吃品种基本保留下来了。"

南来顺优雅的用餐环境

"一直到 1978 年十一届三中全会以后,各类小吃开始逐渐复苏,但是毕竟这些年老搞斗争,让人都不敢大干。直到后来市政府决定恢复京城老字号,振兴北京小吃,主管财贸的副市长孙孚凌亲自给下了指标:要求把小吃恢复到'文革'前的水平。"陈经理好像沉浸在久远的回忆中,"恢复到'文革'前,何其难呀!很多小吃师傅死的死、退的退,很多小吃面临断档危险。我那时就着手编写《北京小吃》,四处去汇集能搜集到的小吃品种,并将其一一记录在案,总共搜集200多种类。同时将南来顺翻新改建,在一楼专门开设小吃餐厅。经过很多人的努力,才慢慢恢复过来。"听完陈经理一番讲述,众人唏嘘不已,同时也为北京小吃得以保存传承而庆幸。

开饭了,一道道小吃被端到了桌上,陈经理将一双筷子递到胡老手中。看着熟悉而又亲切的小吃,胡老颤巍巍的手举起筷子,夹起一块烤羊肉,细细咀嚼。这时候臧鸿站起身来,一手叉腰,一手拢住右耳,气运丹田:"羊头——羊脑——"他拉着长腔优美地喊出30多个小吃名称,声音洪亮,气韵悠长,彷佛草原上飘起嘹亮的歌声,又似深山里一声声长长的虎啸龙吟。这声声吆喝,喊得人精神振奋,也喊得满桌子食客恍惚走神。伴随着臧鸿的吆喝,大家逐一品尝了桌上的小吃。

听完了吆喝、品尝完小吃,胡老的眼睛有些湿润了,嘴里喃喃自语:"我小时候听的就是这声吆喝,吃的就是这口小吃。"看到胡老满意了,陈经理一颗心才放下来。他知道胡老不光是文化名人,而且也是美食家,她的味觉不会出错,这说明自己这些年恢复南来顺的艰辛工作没有白费。看到胡老动情,陈经理提出要带她走走。走到自己的办公室时,陈经理恳求道:"胡老,请您给我们南来顺留个签名吧!"胡老听罢,连连道了几声:"好!"

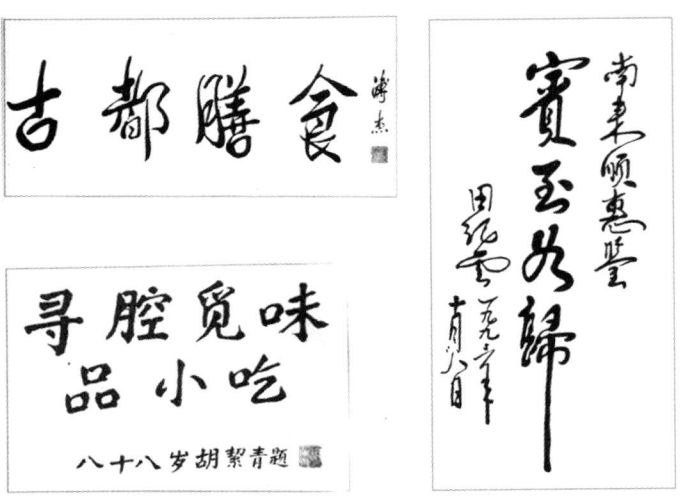

胡絜青等名人为南来顺题字

虽然胡老已是 87 岁高龄，但是右手握起毛笔来依然稳健沉稳、充满力量。她计算了一下纸张大小，思索一下内容与间距，就恭恭敬敬地写下了"寻腔觅味品小吃"七个苍劲有力的大字。写罢，她又转过头来对臧鸿说道："我也给你写几个字吧！"臧鸿听后连连点头，这真是意外之喜呀。只见胡老运了一口气，挥起胳膊，挥动有力的大笔，笔走龙蛇，写下了"京城叫卖大王"几个庄重刚健的大字。

胡絜青给南来顺题字，这件事很快就被人们纷纷传颂开了。一时间，前来看题字品小吃的人们蜂拥而至，南来顺的生意空前火爆，这也一直成为人们茶余饭后谈论的话题。

内联升布鞋走上奥运颁奖台

2008年4月的一天,内联升董事长程来祥像往常一样打开桌上的报纸,一条关于奥运会颁奖志愿者的新闻倏然进入他的眼帘,使他陷入久久的沉思……

内联升夜景

为了迎接奥运,两天前北京举办了一场测试赛,众多魅力四射的姑娘首次进入媒体的视角。但是,这些从全国各地精挑细选的颁奖礼仪志愿者们可吃尽了苦头。原来这一切的苦头都源自脚上。她们主要来自各个高校,平时穿着清一色的运动鞋、休闲装。可是,为了本次奥运会能充分展示中国姑娘优雅端庄的美丽形象,她们一律换上了平时很少穿的高跟鞋进行集训。这些鞋跟虽然只有5厘米高,但是要坚持一整天都穿着它,可没有几个人能受得了,更何况姑娘们平时几乎都没有穿过这样的高跟鞋。几天下来,每个人的脚板都磨出了泡、流出了血,疼痛不堪。为了让脚得到放松，姑娘们使出了浑身解数，或在脚后跟贴上创可贴、或鞋子里塞上丝袜、垫上鞋垫。尽管如此，每个志愿者还是累得筋疲力尽。这些，都是鞋子惹的祸。

程来祥看完报道，内心久久不能平静。奥运颁奖仪式是展现中国风采的绝佳机会，我国素有礼仪之邦的称誉，礼仪小姐的仪态举止乃重中之重，不但要与服饰相匹配，展现中国传统文化内涵，而且还要舒适，不矫揉造作。可是，测试赛的结果因此大打折扣。究其原因，礼仪小姐的颁奖鞋不但让姑娘们吃尽了苦头，而且缺少东方神韵。

百年奥运是全中国人民的期待，全国人民都在为此不懈地努力。作为中华老字号的内联升，能为奥运做些什么呢？如果让颁奖礼仪小姐人人穿上舒适美观的内联升布鞋，该是怎样的一种情景啊！

想到这儿，程来祥的脑海里恍惚中出现了一个个身穿秀美旗袍，脚踩古典风韵布鞋的礼仪小姐们的倩影，他的内心不禁有些冲动。于是，他立即开始安排人去联系奥组委，表达自己的愿望。

几经周折，他们终于联系到奥组委。奥组委也正为颁奖鞋的事情苦恼，闻之喜出望外，很快组织人员走进内联升企业认真考察。经调查，奥组委的工作人员发现内联升享有"中国布鞋第一家"的美誉，其最出名的要数手工纳制的"千层底布鞋"，千层底柔软、透气、舒适、养脚，而且特别轻便，使用的都是纯天然材料，制作过程也不含有任何化学用品。

但是传统手工布鞋也有弱点，由于它没有后跟，起不到增高的视觉效果，在高端大气恢宏壮观的奥运会上，无疑减色不少。如何突破这个局限，一时成为考验设计师的难题。

面对困难，内联升人迎难而上，勇于创新，通过半个多月的集思广益，反复试验，很快，一种新款时尚的内联升布鞋悄然问世，进入大家的视野。

时尚布鞋不同于传统布鞋，它的鞋面大胆选用了颜色亮丽的真丝缎面，给人以雍容典雅、青春华贵的感觉。之后，内联升人将这个方案交给奥组委征求意见，得到高度赞同。于是，这一系列舒适美观的高跟缎面布鞋被选定为颁奖用鞋。

能够为奥运做贡献，内联升全体职工的心情格外兴奋。颁奖用鞋既要美观、舒适，还要适合不同场馆需求，这是件难度不小的工作。

礼仪小姐大都是在校学生，平时很少穿高跟鞋。所以跟型的设计和高度既要符合各个场馆的不同场地要求，又要考虑到礼仪小姐的站立姿势和时间，同时还要尽可能地展现礼仪小姐的风采。

为了解决这个问题，内联升的设计师提出了三种方案，鞋跟型分为分体跟、坡跟和平跟三种类型。分体跟和坡跟均设计为 4 厘米，鞋底内部为特殊软体材料制作，鞋底除特殊材料架构外，设计为中空，以使每双鞋的重量不超过 200 克。这样既解决了鞋跟高度的问题，又保证了穿着的轻便与舒适。为了让体操场馆的颁奖仪式不损坏场馆内的地面软毯，内联升特殊设计了一款室内软底鞋，鞋底采用羊反皮制作，十分轻便舒适。

鞋底的问题解决了，然后就是缎面的问题。时尚鞋的布料选用传统高档缎面，但传统缎面和纯棉鞋里子粘合一起，时间长了就会起泡。要鞋面不起泡，还得好打理，这再次给内联升制鞋小组带来不小的挑战。

为了解决这个难题，内联升的设计师日夜不停地做了近百次实验，走访了很多有经验的人。距离奥运开幕的时间越来越近了，设计师终于找到了传统面料结合新式工艺制作的方法：鞋面采用四层高温复合。这样复合出来的鞋面，既能保持缎面的光泽、硬挺、平滑，还不容易起泡。由于北方没有这样的设备和技术，内联升工作人员特意把鞋面拿到广州复合。另外，内联升还为每双鞋增加了纯棉手工鞋垫，以保证鞋内干燥、舒适。

6 月，颁奖鞋的最终设计方案确认下来，此时距离 8 月 8 日奥运会的开幕式已不足两个月。下达到厂里的订单近千双。要在如此短的生产周期完成数量如此多的生产任务，在内联升是很少遇到的。因内联升布鞋属于手工制作，无法流水线批量生产，要想完成任务，必须让技术人员加班加点赶制。

为此，内联升职工们自觉延长了下班时间，每天又都提前到岗。为了保证鞋子的质量，内联升董事长程来祥也亲自参与生产全过程，这样一来，员工们也更有干劲了。

没用一天时间，内联升就抽调了几十名技术人员，专门为奥运颁奖用鞋开设了一条时装布鞋生产线，根据不同服饰风格，精心制作出青花瓷、国槐绿、宝蓝、粉红及宝蓝室内软底 5 款缎面鞋。并根据射击馆、篮球馆等不同的场馆环境要求，设计制作了分体跟、坡跟、软底等不同跟型。

转眼到了 7 月 17 日，北京奥组委在 798 北京时尚设计广场北京会所中央大厅举办"北京 2008 年奥运会颁奖礼仪服饰及主要颁奖元素发布会"。北京奥运会颁奖专业志愿者在会上展示了奥运会颁奖仪式的礼服和礼仪用鞋。内联升采用具有传统特色的缎面和技术制作的布鞋与颁奖服饰十分匹配，得到了与会者的的啧啧称赞，时任北京奥组委副主席蒋效愚在发布会上特别对内联升表达了由衷的感谢。

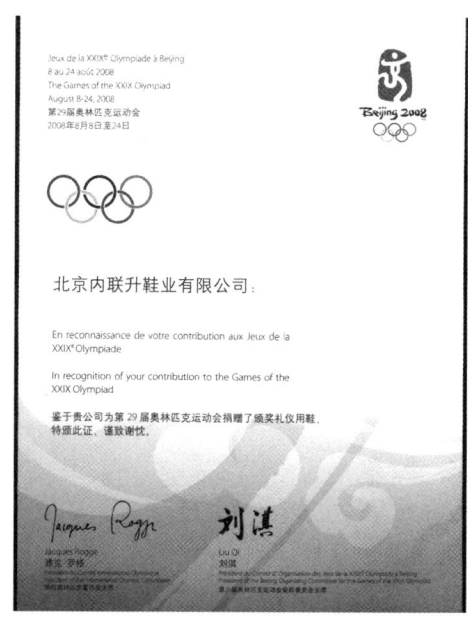

内联升向 2008 年第 29 届奥运会捐赠颁奖礼仪用鞋证书

而就在 7 月 17 日的前一天，内联升又遇到了新的难题。当内联升将第一批 8 箱 300 多双成鞋送到礼仪小姐训练基地时，才发现还有近 40

双鞋的尺码不匹配。时间已经很紧迫了，如果不能顺利让全部礼仪小姐穿上合适的鞋子，前面所做的工作将前功尽弃。决不能让奥运会留下任何遗憾，这成为当时内联升全体员工的共同心声。

内联升负责人得知此事，便立刻重新召集员工全部回到特殊生产线上，继续加班加点地生产。最终，在距奥运会开幕式还有一周的时候，内联升将最后 50 双鞋送到了位于北四环的奥组委总部——奥运大厦，保质保量按时圆满地完成了奥组委赋予他们的光荣使命。

在奥运会及残奥会期间，内联升的传统缎面颁奖用鞋出现在奥运会 302 场和残奥会 472 场颁奖仪式上，见证着每一个感人瞬间。奥运礼仪小姐服装与内联升颁奖礼仪鞋的和谐搭配，更好地展示了东方神韵之美。

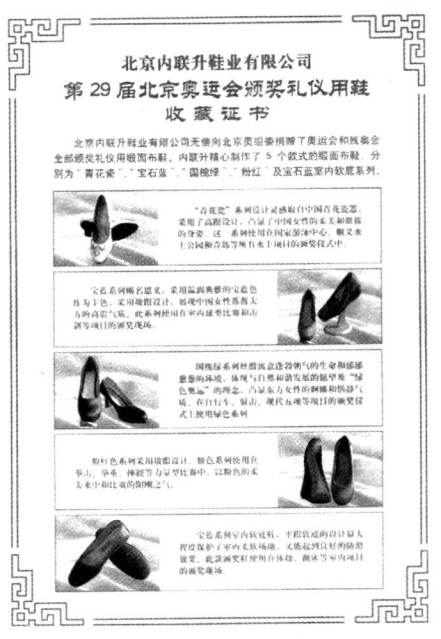

2008 年内联升"第 29 届北京奥运会颁奖礼仪用鞋收藏证书"

每当看到奥运官员一次次从礼仪小姐手上接过奖牌、颁发给获奖者的时候，内联升人都无比激动与自豪。作为百年老字号，内联升参与了中国的百年奥运，为奥运做了一份贡献、献上了一份厚礼。

桂香村进社区

2014年10月的一天，住在东坝的王大娘像往常一样，坐公交前往护国寺的桂香村购物。这是她20多年来养成的习惯，每天一大早出门，赶到桂香村排队，只为了买上两块玫瑰饼和两个牛舌饼，回家好与老伴分享。很多像王大娘一样的北京人都有这样的习惯，他们买两个玫瑰饼所花的钱甚至还没有交通费用高，但他们心甘情愿。真正的老北京人都清楚桂香村只卖当天的货，要吃一定要吃最新鲜的。

这一天王大娘到桂香村一看，简直像过年一样热闹，人们个个兴高采烈。大家见到王大娘，纷纷报告好消息。

"下次想吃玫瑰饼就不用跑那么远的路了，在家就能吃到。"说这话的是李婶，她和王大娘经常在一起排队，彼此非常熟悉。

"是呀，王姐，这个好消息恐怕你还不知道吧？"张大爷紧接着问道。

众人七嘴八舌地说着"好消息"，弄得王大娘一头雾水。正在这时，赵大妈说道："大家都静一静，人多嘴杂，反而讲不清楚。"

她话一出口，众人不言声儿了。这时候从地铁站那边又过来几个老熟人，其他人纷纷上前去"打报告"。王大娘这时看到张大爷没有围上去，就悄悄地问："张哥，到底是什么好消息呀，让这群老顽童个个激动得停不住嘴？"

张大爷呵呵一笑，眼睛眯成一条缝说："你还不知道吧？桂香村的王书记有一次路过咱们这儿，看到咱们这帮老骨头排队十分辛苦，就组织了一场'传统小吃进社区'的活动，要在北京各个社区现场传艺呢！桂香村这么多品种，可以一一传授，我们只要跟着他们的队伍走就是了。"

王大娘听完也开心极了,咧着嘴止不住地笑。

"我倒不想学那么全,学个枣花酥就成了,我家老头子最喜欢吃那个,我要是学会了,不知道他多感动呢!"王大娘忍不住开心地说道。

说到做到,王大娘连忙上前去打听学枣花酥的课程安排。

中午回家的时候,王大爷嘴里还在嘟囔,说自己的老伴比平时晚回来一个小时。由于王大娘今天实在开心,也就不和王大爷计较,心里一直乐呵呵的。

以前,她每次一回到家就和老伴分享玫瑰饼,今天她却独自一人进了卧室,从床头柜里翻出一个笔记本来,还用几支笔在纸上划划,从中选择了一支书写最流畅的装进了包里。

这些反常举动让王大爷感到莫名其妙,看到王大娘一幅高深莫测的样子,便拉住老伴打听,可王大娘竟然守口如瓶,就是不告诉他。

20 世纪 80 年代的桂香村门店

转眼到了周末,王大爷发现老伴早早起床,还特意打扮打扮,便询问几句。老伴仍不告诉他,他不禁心里直犯嘀咕,甚至想悄悄跟踪老伴。

王大娘离家之后,直奔西城月坛街道的社会社区。她到的时候,早已有人在此等候了。而且桂香村的传承人赵师傅也已经早早到了,他从和面的力道、原材料配比,讲到时间变化、面的软硬与各个工序的步骤。大家聚精会神地听着,王大娘掏出笔记本格外认真地记录着,由于记录速度较慢,她不时打断赵师傅的话,对一些听不明白的地方反复询问。

讲完和面,师傅们开始教大家如何做出漂亮的花型。要想使花型美观不容易变形,全靠前期的操作,要掌握好烘烤的温度、出炉的时间。这种把握全靠多年的积累和尝试,赵师傅将这些经验倾囊而授。

短短几个小时,赵师傅在传授技艺的同时,一个个漂亮、香甜、热乎乎的鲜花玫瑰饼、枣花酥也出炉了,屋子里顿时飘满了枣泥和玫瑰的甜香味,把房间外很多人都吸引过来。大家望着眼前的玫瑰饼和枣花酥个个馋诞欲滴,纷纷围拢上来品尝。他们这是头一回吃到刚出炉的糕点,味道香甜软糯别有一番风味,大家纷纷点头称赞。他们都是桂香村忠实的"粉丝",只要一尝就知道桂香村说到做到,是真的将看家本领传授给大家了,而不是为了现场作秀。

由于亲眼目睹到中华老字号桂香村的精良做工,大家无比感动叹服。他们知道这些年来一直追求桂香村没有错,桂香村就是靠这份真诚和持之以恒的认真劲征服了他们。

20世纪90年代的桂香村门店

为了感谢大家对本活动的支持,桂香村现场向这些大娘大婶们免费发放他们的产品，更让大家觉得不好意思。

"你们免费教我们做糕点，我们已经深为感动，怎么能免费要你们的礼物呢？"王大娘连连摆手激动地说。

其他人一听都觉得很有道理，只有桂香村的人不这样认为。

"你们就收下吧，桂香村正是由于你们这些忠实客户常年的支持才走到今天。你们年龄大了，来去很不方便，你们学会了，就不用跑那么远的路。你们要是真念叨桂香村的好，只要一如既往地支持我们就行了。"桂香村一位师傅动情地说。

"希望桂香村的分店越开越多，这样大家就不用跑那么远了，在家门口就能吃到正宗口味的南味糕点。"

糕点做完并不算真正的结束，来到现场的几位桂香村的领导向他们介绍了桂香村之所以能成为老字号的原因，讲述了所创品牌百年来所经历的一些故事。原来桂香村糕点最关键、最重要的是原料的选取，它对所用面粉和花瓣都有很高质量的要求。领导们除了将玫瑰花瓣基地联系人的方式告诉众人，还介绍了花瓣采摘回来以后如何长期保存的办法。

"若是所有的老字号都像桂香村一样，该多好呀！"一位群众说道。

结束时，大家都在打听下一次的授课时间，并把它记了下来。

王大娘回家以后，马上买来各类原料，按照学到的步骤进行一步步地操作起来。等王大爷遛弯回来时，屋子里已经飘满了枣泥的香味，他打开烤箱，一个个形态各异漂亮的枣花酥，还冒着腾腾的热汽。

王大娘随手拿起一个品尝，感觉和平时吃的味道非常接近。她没想到自己第一次尝试就做出这么好的糕点来，王大娘十分感谢桂香村的好决策。同时，王大爷也因早晨对老伴的误解而感到有点不好意思。尤其当他知道整个事情的原委后，感动得快说不出话，一来感动老伴不辞辛苦学艺，二来感动桂香村人慷慨大度授艺。

2008 年的桂香村护国寺门店

当听说王大娘记下桂香村的课程表和授课地点以后，王大爷做出了一个决定：多年来一直是王大娘为自己服务，这次他也要为王大娘服务服务。他决定前去学习，将玫瑰饼、牛舌饼的手艺全都学回来，也要为老伴亲自下一回厨房。

王大娘听完王大爷的想法，忍不住哈哈大笑，一种甜蜜的幸福感瞬间浮现在她的脸上。

后 记

　　为了全面梳理、挖掘西城区老字号的优质资源，形象阐释老字号企业在推动地区发展中的重要作用，宣传老字号的传统文化，展现传统老字号的当代形象，根据区领导的要求，由西城区老字号谱系研究工作领导小组牵头，西城区社科联具体组织承办，在全区开展西城老字号谱系研究。编写《北京西城老字号传承故事集锦》，是老字号谱系研究的的一个重要组成部分。

　　为了圆满完成预期目标，西城老字号谱系研究领导小组办公室在广泛收集老字号故事素材的基础上，组织有关部门领导和相关领域专家，围绕编写主旨、内容重点、文章体例、编写方式等重要问题，多次进行专题研究，并充分听取各方面意见和建议。最后确定选取老字号传承发展中有代表性、起决定作用的重要人物、重大事件和关键环节，着力反映过去不甚为人所知的生动故事，力求从新的角度展示西城老字号的历史积淀和时代风采。

　　《北京西城老字号传承故事集锦》选收 28 个故事，从不同侧面反映老字号传承发展的艰辛与辉煌，展现民族工商业品牌的品格与魅力。故事涉及明代、清代、中华民国和新中国时期数百年的历史，多角度、多侧面、多层次地反映西城老字号走过的风雨历程。全书原则上按照故事发生的时间顺序排列，发生在同一个时代的故事，有明确记载的按照时间排列，记载不具体的排在该时期的最后。

　　《北京西城老字号传承故事集锦》由区社科联学术活动部具体组织编写。编写过程中，西城区商务委和各老字号企业提供了丰富的资料；《企业研究》杂志墨涵给予大力支持；王长征撰写初稿；老字号谱系研究领导小组办公室组织专人对初稿进行了反复修改；在各家老字号对文稿进行审核、认定基础上，最后由西城区社科联对全书文稿进行了审定。

在《北京西城老字号传承故事集锦》的编写过程中，得到了西城区委宣传部、西城区档案局、西城区史志办、北京老字号协会、西城区商联会以及西城区第一图书馆等相关部门的大力支持，和社会各界专家学者提出的许多宝贵意见。在此，谨向有关部门和人士表示衷心感谢。

由于时间紧张和编撰水平有限，老字号故事的收集还不够丰富，舛误之处在所难免，欢迎读者批评指正。

编者

2016 年 6 月